問世間性為何物

性諮商大師的性學小語

林蕙瑛博士 ◎著

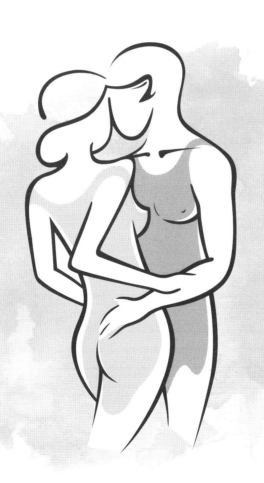

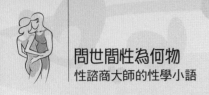

問世間性為何物
性諮商大師的性學小語

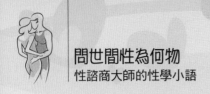

　　驀然回首，與蕙瑛教授在台灣性教育學會成立之初相識迄今，一晃竟已30多年。長期以來，無論各是身處國外，或人在台灣，我們都經常交流，也因為志趣相投，雖然各有專業，仍可找出相通的領域，從性學領域到社會現象，無不相談甚歡，乃漸有家庭交往，已成多年老友；如果往前回溯，則從她的外祖父——台灣第一個醫學博士杜聰明教授（曾任台大醫學院院長、高雄醫學大學創辦人）開始，我已經認識她家四代人，淵源頗深。

　　多年來，除了在大學及研究所教書及做諮商實務，她還熱衷寫作，將平日閱讀及實務心得、個人見解，揮灑於紙上，呈現於專欄及書籍中，計其一生創作，至今已達42本，令人欽佩。

　　蕙瑛教授由心理諮商而進入婚姻家庭治療，之後又鑽研性諮商，在美國權威的AASECT（性教育諮商治療協會）上過性治療課程，是台灣第一位在研究所開設「性諮商與心理治療」，並在診所做性諮商實務的正規性諮商師。由於對性教育、性諮商/治療有高度興趣與深入研究，且一直有專欄及著作，再加上經年培育諮商及性諮商人才，蕙瑛教授於2019年獲得台灣性教育學會頒發之「性教育傑出貢獻獎」。

　　本書其實是一本兼顧專業及生活化的著作，書中前半包括蕙瑛教授閱讀幾位性學大師的經歷與成就，及一些性治療師的觀點，將其轉譯解讀後分享給讀者；及因她曾旅居美國加州，看到性與性學在加州受到重視，乃以生活化的敘述記載下來；

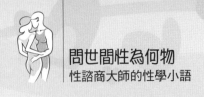
後半部分則為一些案例解說,從諮商的角度來分析性問題、輔導方向及處理方式。

這本書包括性教育、性諮商、性治療的發展史,也讓讀者看到人們對性觀念的改變,瞭解性問題對個人和人際關係的影響,以及對性諮商/治療的新見解與發現。

身為資深婦產科醫師與醫學教授,同時也是台灣性教育學會榮譽理事長和杏陵醫學基金會董事,我極力推薦這本書,它非常適合心理、社會工作、輔導、醫護相關科系研究生,以及對性諮商有興趣的心理師、教師、醫師、護理師,當然也包括關心生活、廣泛閱讀的社會大眾,蕙瑛教授的寫作觀念清楚,文筆深入淺出,相當生活化,易於閱讀。

有鑑於蕙瑛教授的專業資歷與優秀的實務經驗,身為照顧婦女私密身心健康的台北詩宓診所創辦人/執行長,我最近也很高興她能應邀在我創辦的診所擔任性諮商師,針對女性性功能障礙做出專業貢獻,服務更多有需要的婦女朋友。

總之,不管從哪個角度,希望大家都能在這本性諮商大師的漫談小書中獲得有用的資訊,幫助達成身心健康和家庭和諧。

鄭丞傑

台北秀傳醫院執行院長、高雄醫學大學婦產科教授、
台北詩宓診所創辦人/執行長

　　我是諮商心理學家，在專業的養成過程中，從課程及實務中獲得「性」的啟蒙。當年威斯康辛州立大學河瀑校區的諮商輔導碩士班有開一門「家庭生活與性教育」的課程，是我第一次在課堂上聽到「性」及伴侶/夫妻的「性」，而後在高中的諮商實習，也學習處理懷孕及墮胎學生的心理議題。

　　爾後加入路易斯安娜州州立大學諮商輔導中心的志工團隊，負責「生育與性資訊中心」（Birth and Sex Information Center，BASIC）業務，受過兩個月專業課程訓練，包括解剖學、社會學、法律常識、性教育及性諮詢、助人技巧等，並接了6個月的個案服務，對象均為大學校園內的本地及國際學生，單身、同居或已婚均有，後來在博士班的婚姻與家族治療課程中亦有學習性諮商。

　　做心理諮商是不能選擇案主的，也不知道他們會帶什麼樣的問題前來，範圍甚廣，包括個人各種心理問題、關係困擾（家庭、同儕、伴侶/夫妻等）、健康及生活中的各種議題，性問題是隱含其中且最少浮現的。只有與案主建立良好及長久關係，他們感覺到很安全、很信任，可以揭露自己的性困擾或性問題，才會敞開心懷娓娓道來。然而諮商師如果沒有受過訓練，被案主的性問題嚇到了，不知如何接招也無能協助，則案主可能會因希望落空而覺得諮商師能力有限，或者不願處理這類問題，下次他們就不會再開口了。

　　心理諮商優而婚姻諮商，婚姻諮商優而性諮商，也就是說

一個諮商心理師學成、考上證照、在實務中累積經驗，當遇到更多帶有性困難的案主後，就會瞭解到自己諮商學識及技術的不足，需要進修更多性諮商/治療的課程及接受臨床督導，才能更上一層樓，真正進入性諮商的領域。

我是美國性教育/性諮商/性治療協會的會員，曾修過許多相關課程，也是台灣性教育學會認證的性教育師及性諮商師，亦曾擔任杏陵性諮商/性治療中心的諮商科主任，且一直在大學及研究所教授「性諮商」課程，因此涉獵性學書籍、從事研究、翻譯性諮商書籍及文章，累增性諮商經驗，並以工作坊及寫作推廣性諮商理念與實務，是我後半生的鑽研。

很多人一聽到我是性諮商師，就會把我拉到一旁，主動地攤開自己的性困擾，想要知道如何處理，而這些問題絕大多數都是關係中的性問題。當然，性在關係中形成問題絕不是短期內造成的，我也不可能聽完敘述就能立刻給答案。性諮商最好是雙方當事人一起參與，伴侶一方單獨晤談效果不大，但至少主訴求者可以釋放壓力，抒發情緒，瞭解問題的肇因，並學得日常生活溝通與性溝通技巧，對性問題之解決存有希望，也可以回去影響另一半。

有鑑於豐富的性知識、正確的性觀念與性態度是美好性生活的必要條件，而現代社會網路性資訊爆炸，道聽塗說亦充塞，人們在「只做愛不談性」的環境中沒有機會得到正確的性資訊。為了提升人們的性教育水準與建立正確的性愛感情

觀，並減少在性諮商晤談中補強的時間，普遍地教育民眾，將
「性」正名化，把性學知識生活化是當務之急。因此我放棄了
寫中文性諮商教科書的偉大夢想，決定以深入淺出的筆調來撰
寫及翻譯一些與性有關的文章，一來為了自己的興趣與樂趣，
二來則為了推廣性觀念與性諮商，分享讀者。

本書包羅萬象，有本土亦有外國，大致可分類為介紹性教
育/性諮商與治療、婚姻諮商（性與無性）、性迷思/性困擾/性
問題、人們對性的態度、性的社會現象及影響、性教育家/性治
療師小傳等，帶領讀者進入性世界，亦即包括性的生活領域及
學術入門，擴展人們對性的視野，瞭解性，學習性，體會性，
享受美好的性人生。這本書當然也可以是諮商/臨床心理師在性
領域的參考書。

書中文章幾年來陸續在杏陵基金會的《杏陵天地》季刊中
發表，感謝基金會晏涵文執行長的審稿及彭宣榕秘書的作業，
這些文稿才得以集結成書，也深深感謝金塊文化余素珠總編輯
的鼓勵及出書，還有陳昱安助理的協助打字及修正。

謹以此書獻給在天上的爸爸媽媽，感謝您們讓我成為今天
的我！

林蕙瑛
2021.8.10

第一篇

全球
性文化觀察

1 文化差異，當心誤觸法網

　　一名返國探親後再回加拿大繼續學業的中國學生A君在溫哥華機場過海關時，加拿大邊境服務局人員在檢查他的行李時，要求他拿出隨身攜帶的手機，打開檢查了一會兒之後將A君請入單獨的檢查室並叫來警察，說是在他手機的微信群組訊息中發現了疑似未成年人淫穢圖片及影片，A君當場嚇傻。

　　原來在加拿大如果發現藏有未成年者的淫穢影片是會被判重刑的，之前已有留學生被判監禁的案例。警察最後認定A君未構成犯罪，但邊境服務局人員仍堅持撤銷A君簽證，並在溫哥華機場直接將他遣返回中國。

　　另有一名喜歡滑雪的年輕華人B君，搭機要到加拿大東部幾個著名的滑雪場遊玩，在多倫多機場入境時被要求打開隨身攜帶的電腦和手機接受檢查，邊境服務人員在接過他的手機後直接打開微信軟體，並要求B君解釋為什麼他的微信表情包內會收藏「裸女跳舞」的動畫表情。儘管B君打了幾通電話讓多倫多的朋友找律師來溝通，手機最後還是被沒收，人則以下一班飛機直接遣返回國。

　　以上兩則報導令人覺得小題大作卻是千真萬確的事，A君不只留學生涯毀了還留下案底，且這兩人以後要再入境加拿大就很困難。很多人讀了這樣的新聞後擔心是不是欺負外國

人,或認為檢查手機是侵犯個人隱私,但這就是規定,因為加拿大是全球對涉及兒童色情犯罪行為打擊最嚴厲的國家。根據加拿大的法律,所有入境旅客在通關時個人隱私權被剝奪,檢查人員有權檢查旅客所有行李,包括手機及其內容。這不只是針對訪客、留學生,如果是該國居民罰責更重。

A君、B君就這樣無預警被遣返,他們必然覺得莫名其妙,也感到窩囊倒楣,不認為自己做錯什麼事,就算手機內有少女的清涼照或春宮貼圖也是自己的事,值得如此大驚小怪嗎?當然也有可能華人看起來年輕,身材削瘦的女性裸露照片被老外認為是未成年小女生,只是「裸露」、「清涼」、「淫穢表情」畢竟是事實,依「眼見為憑」的證據,於是手機被沒收,人也不准入境,真是百口莫辯!

現代人的色情尺度越來越寬

這兩位年輕人手機內的貼圖及影片反映出現代社會某個面向的性文化,顯示現代人的色情尺度越來越寬,例如以往的低胸衣領是乳溝微露,現在則是露出半個球,前露後露也成為時尚,男士亦然,人魚線、比基尼小褲已不足為奇,自拍他拍的照片競相展現清涼,情侶做愛也拍成影片一起回味。這現象源自年輕人自小就接觸曝露於報章雜誌、電視媒體的性感畫面及男女親密影像,及網路上無所不包的色情文化等,看到、讀到、聽到、想到的都是XX級以上的尺度(其實已無尺

度可言了）。

　　父母對孩子的期望多是好好唸書、不要變壞，或者長大後能對社會有貢獻，甚至賺大錢、光耀門楣，很少與孩子談「色情」與「情色」的差別，主要在於父母自己不懂性教育，也害怕談情慾，擔心說多了是鼓勵孩子性開放，如果不小心和孩子一起看到清涼照，一定是負面評語，「真不知害臊，愛現！」，若是色情畫面則說傷風敗俗，卻沒想到社會中的性「教育」早已進入孩子的心中，情色與色情混為一談，在腦袋中奔放，以致在手機中會出現一些奇怪的圖片與訊息。

　　曾經有個華人女生在微信上與朋友聊天，開玩笑地說要來加拿大「撈」，在入境檢查時亦被認為來加國的動機不純正，欲從事不良職業，直接被送回國。她雖是來觀光採購的，但玩笑開慣了說話太隨便，沒料到會被查看，字字顯示在手機螢幕上，有理說不清，最後吃虧的還是自己。

　　年輕人最熟悉網路，有新的軟體就下載來玩，現在可以傳送訊息圖片的軟體太多了，朋友同學間互傳清涼照或鹹濕訊息，有人習以為常，不以為意，但有人看了會反感，例如曾有幾位男生想要捉弄班上一位不討人喜歡的女生，半夜一點發了一則訊息給她，「妳現在在做什麼？在洗澡嗎？」任何一個女生收到這樣的訊息都會感到不快，她立刻向學校申訴。這些年輕孩子不知道僅僅這樣一則訊息都可能構成性騷擾，若申訴成立，他們就會受到處罰。

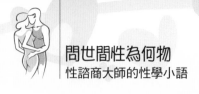

　　青少年使用電腦、玩手機的人口越來越多，隨時有機會接觸到色情網站，獲得錯誤的性訊息，他們分不清「色情」與「情色」，有時甚至以身試法，隨著年齡漸增，他們不是兩性關係不順暢，就是濫性。曾有高中生C君迷上A片、A漫及暴力血腥遊戲，在校表現平平，回家就躲進房裡，老師及父母都覺得他是內向、不善表達，升上科技大學後經常蹺課沉迷網路，某晚在校園餐廳正好與H女同桌用餐，兩人隨便聊聊，他隨手拿起H女的手機輸入自己的手機號，H女覺得很過分，奪回手機轉身離開。

　　C君懷恨在心，尾隨她穿過校園，趁四下無人擁抱她，H女驚叫引來一些學生，C君欲逃跑卻被逮個正著，還被搜出書包裡居然有個500GB的隨身碟，存滿了A片、A漫及遊戲，師生家長都沒想到平日木訥溫和的孩子心裡是如此變態。平心而論他不是變態，他是色情中毒太深！腦子裡不是性就是暴力，認為性愛很容易，自己有好感就可以交往，以為人家也跟他一樣，不知H女跟他聊天是基於禮貌，他內心渴望交女友、有性愛，於是準備要電話號碼開始交往。H女在公共場所拒絕他，他顏面無光，尾隨在後是想用強迫的方式，根本沒想到憐香惜玉，好在有同學救援，否則必羊入虎口。

　　C君的本「性」被揭發後，少不了受到「性騷擾防治法」的處罰，但對他來說其實是好事，他會因此而接受心理輔導，從人格上來整治，這當然要先有自我覺察，了解自己原來有如

此巨大的錯誤性觀念，也缺乏正常人際交往的技巧，然後才會逐漸發現自己過去太專注於A片、A漫，從未去瞭解及愛惜自己的身心。他還年輕，有學習力，可以重新開始，改頭換面，成為心理及性心理健康的青年，走向美好的人生。

瞭解本土文化也尊重他國文化

歸根究柢，不經心地隨手轉po色情圖片或影片，或者中色情之毒已深，這些陷阱都是自己掘的；換言之這是可以避免的，當然不是為了害怕或不想被罰而求自保，而是要擁有健康的性心理，對性有正確的觀念，瞭解本土文化也尊重他國文化，才不會損人害己，丟臉丟到國外去。

愛美是人的天性，但不必愛現。身體是上天賦予的自然美，自拍或他拍留念是人之常情，裸露的尺寸在於個人，且它有隱私性，不必在通訊軟體上公開，更不需將他人或網路上的清涼照，尤其是未成年男女的圖片下載後互傳分享，圖一時之樂，其實沒什麼意義；另外，情侶間的自拍性愛照無關道德，只是感情瞬息萬變，拍了性愛影片，一旦翻臉無情，後果將不堪設想，並非不信任伴侶，而是要懂得保護自己。

自小到大，包含完善的家庭性教育、學校性教育及社會性教育可薰陶一個人的心性，美好的愛情及性關係應建立在健康的性心理之上，上課、閱讀及做性諮商都可是正規或補救的管道，性教育是終生教育，隨時開始都不會太遲。

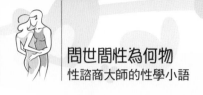
2 綜觀同性婚姻合法化

　　美國聯邦最高法院於2013年6月26日做出兩項影響深遠的歷史性裁決，使得「同性戀權利運動」獲得大勝。大法官以立場鮮明的5：4票裁示結婚的同性伴侶有權享受聯邦福利，包括稅務方面。大法官並拒絕受理加州禁止同性結婚公投案的上訴，實際上等於允許加州同性結婚，也宣布了全美50州同性婚姻合法化。

　　此消息傳出，全美同志欣喜若狂，歐巴馬總統亦立即稱讚最高法院的裁決，他說這是「糾正了錯誤，使國家受益」，但歐巴馬總統也強調，最高法院的裁決並不能改變宗教組織對婚姻的定義，以及它們賦予婚姻的神聖意義，因為他已經看到反對的聲浪必洶湧而至，加上對宗教的尊重，他才補上這段聲明。

　　果然舊金山大主教高迪里安尼當日就發表聲明：「對於美國和婚姻制度，今天是悲慘的一天。」他強調聯邦政府應該維繫美國婚姻的真正意義，只有一男一女才是真正婚姻，只有一男一女的結合才能延續世世代代，聯邦政府不應該放棄保衛美國真正的婚姻制度。

　　「傳統家庭促進會」創會人暨執行長譚克程，原是加州「第8號提案」的五名提案人之一，他說，「雖然不少華裔和

亞裔團體公開支持同性戀婚姻合法化，但不可否認的是，許多華人基督徒仍堅決反對同性婚姻，大家只能接受真正的婚姻制度是一男一女。」他最擔心的是對下一代的影響，倘若同性婚姻合法化，將鼓勵下一代挑選同性為伴侶，學校也會灌輸更多有關同性戀的資訊。但既然木已成舟，他建議家長宜多與子女溝通，解釋同性婚姻的真正意義。

同性婚姻合法化是民權運動的一大勝利

加州是美國允許同性婚姻的第13州，法案通過後最高興的莫過於當時的加州州長、曾任加州副州長與舊金山市長的紐森（Gavin Newson），他一直在推動同性婚姻合法化，等了9年，歡天喜地地與當時舊金山華裔市長李孟賢（Edwin Mah Lee）及近千位擁護者在市府大廳慶祝，氣氛沸騰至最高點，李孟賢希望所有的歧視在舊金山終止，接下來的數月，市府已準備好迎接舊金山同志驕傲大遊行、許多對同志婚禮及慶祝會。

該年6月29日是舊金山第43次舉辦同志驕傲大遊行，因高等法院剛對加州第8提案的裁決，氣氛格外歡愉熱烈，有數萬人湧到市府廣場狂歡，晚上卡斯楚街則派對竟夜，參加的不單是同性戀、雙性戀或變性人，許多男女伴侶、兒童、青少年也盛裝赴會，身穿象徵同志的彩虹服裝。

多名當地高中華裔男女學生認為，同志慶祝會是舊金山主

要的活動之一，參加者不一定是「同道」中人，就好像到華埠逛中秋街會、花市、元宵燈會或農曆新年活動一樣，並不只有華人參加。然而正好經過市府廣場的華裔陳姓老翁則以「世風日下」四字評論，同行的李君眼光深遠，他擔心移民假結婚時有所見，今後男男結合、女女婚姻都更容易做假了，政府如何監督審核，執法上增加了難度，也可能造成制度更混亂。不論如何，同性婚姻合法化在加州華人社區得到民權機構、同性戀人士及同性婚姻合法化支持者的熱烈響應，此裁決對觀念相對保守的華人社區，是一次重新認識同性戀群體、改變固有偏見的教育機會。

根據洛杉磯民權組織「亞美公義促進中心」（Asian Americans Advancing Justice-Los Angeles），華人移民在美國歷史上曾遭受過婚姻歧視，19世紀美國的排華浪潮禁止華工與異族通婚，因此民權的進步對華人非常重要，同性婚姻合法化正是民權運動的一大勝利。華人新移民中有不少因同性婚姻不被法律認可而無法通過婚姻廝守，最高法院的裁決為同性戀華人打開了一扇門，將可以和異性戀夫妻一般享有婚姻移民權利。

來自中國的同志顧君坦承，在洛杉磯華人社區他一直小心避忌，「不會主動講，在有些工作環境中會有所隱瞞，在英語環境中會比較放鬆。」他很高興此一裁決讓眾多同志終於守得雲開見月明，尤其在看待同志議題觀念傳統偏保守的華人社

區，這是一個讓社區重新認識同性戀者，了解這個群體所承受的壓力與歧視的大好機會，也將為同志群體創造一個更為寬容的社會和輿論環境，對許多害怕出櫃、活在陰影中的同志也是一種鼓勵，「身為同志不應感到羞愧」，他說。

來自台灣的同志李君表示，全美家庭中有17%的家庭至少有一名家庭成員是同志，華人同志自身總背負著巨大的家庭壓力；秦君放棄了台灣的高薪工作來到洛杉磯，就是為了可以自由戀愛，雖然他在美國的薪水比在台灣差很多，但他可以自在地與男友約會，甚至結婚，但若真結婚，他說不會告訴台灣的家人。

很有趣的現象之一就是一些亞裔同志，包括華人，最近趕著同志結婚潮，但仍然瞞著父母家人，連訂結婚蛋糕也不敢在華人經營的蛋糕店，因為這樣消息很快就會傳出去，所以他們不辭路遠到好萊塢糕餅店去，因為那裡本來就是同志常去的地方，絕不會碰上父母輩的華人。

另一個現象，洛杉磯一位婚禮策劃專業人員S小姐說，她經手的華人同性婚禮策劃案並不多，她自己就是因為宗教及父母反對不能親自接待同性客人，都是讓助手出面去處理。她的父母曾威脅她，若接待同性婚禮的策劃就將她趕出家門，不承認有這個女兒。

不必然要支持同性婚姻，但絕不能歧視同性戀者

華人社區傳統對同性戀持負面印象，乃至歧視，不僅傷害

同性戀人,也傷害他們的家庭。華裔同性戀人士不僅比老美承受更多壓力,若正好是異國相戀,則婚戀道路更是坎坷。另一半是老美的王君,欣慰此後移民法律中關於配偶只限一男一女的定義產生根本改變,異國同性戀人就可以為另一半申請合法身分,得以長相廝守。

華裔多數較保守,重視家庭和子女教育,關於同志權利的爭議一向很少公開討論,對性導向問題也相對保守,他們也許可以不必堅定支持同性婚姻,但絕對不能歧視同性戀者。洛杉磯華人報紙《世界日報》的社論即建議華人以平常心看待美國開放社會的演變,亦是一種新的社會經驗。以加州為例,加州人口3800萬中亞太裔「出櫃」的同性伴侶就有6.6萬人,還不包括隱密未公開者。由此可知,最高法院的判決一樣影響到許多亞太裔移民的權利,身為華人,當然不能對此議題的關注與討論置身度外,才不會成為社會邊緣人。

同性婚姻合法化固然是好事,也是社會潮流,但由此衍生的許多問題,如同性婚姻家庭可以領養孩子,這對被領養的下一代的人格成長、性觀念及性導向的影響究竟為何?更深遠思考,人類傳宗接待與繁衍是否會受到衝擊?社會制度是否會因此而逐漸瓦解?都需要當局與整個社會來考量,期能發展出合情合理合法的法律與配套措施,才不會辜負裁決的美意,使得人類和平共存生活愉快。

3 揭開50過後男女的性面紗

從前，女性年過50稱「老嫗」，男性則稱「老翁」，現在社會則視50幾歲的人為壯年，身體狀態良好且具有生產力，65歲以後則是「資深公民」，很多人依然有活力、有動力，70歲過後是調整自己生活的階段，80歲以後就真的開始衰老了。

任何人、任何年紀都需要親密關係

雖說現在越來越重視老人學的研究，包括老人健康及長照事宜，但對老人性生活的研究卻是少之又少。一般人認為老人年紀大、體力差，又有很多人寡居，性對他們並不重要。其實任何人、任何年紀都需要親密關係，何況性的範圍很廣，不光是指性交，與身體有關的親熱愛撫都算是，年長者不論已婚或獨居，還是可以追求親密關係，享受性的美好。

美國退休人協會（AARP）於2018年對會員做了一份年長者性生活調查，結果發現顛覆傳統思考的事實，相當有趣且令人雀躍。測驗題、答案及解說如下：

> **1.絕大部分嬰兒潮後世代男女的性生活頻率為何？**
> A.每週數次　B.每月只有幾次　C.一年大約6次
> D.稀少或完全沒有　（答案是A）

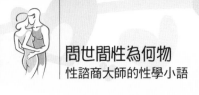

調查顯示31%的男女每週上床好幾次，28%每個月只有幾次，8%則每月1次，另有33%的人說他們很少或不再有性生活了，缺乏性慾是女性不想有性生活最常見的理由。

提到性的自娛，年長者並不會很害羞，根據一家情趣商品公司Tenga的調查，嬰兒潮後世代，不分男女，平均每週自慰3.3次。

2.年長者想像性愛激盪場面時最常憧憬的對象？
　A.同事　B.舊愛　C.較年輕的某人　D.名人
　（答案是C）

根據調查，38%的人喜歡幻想與某個年紀較輕的對象纏綿；34%想像與昔日情人或朋友做愛；24%幻想有多重性伴侶；23%的人想和完全陌生的對象上床；想像與名人或明星上床的比例最少。另外，老年男性在性方面的幻想遠大於女性，男女分別為39%與5%。

3.年長男性在「安全的性」（safe sex）方面是不及格的，
　對嗎？
　A.對　B.錯
　（答案是A）

根據一項印第安納大學的研究，50歲以上男性有91%承認與約會對象或熟識者上床時沒戴保險套，70%甚至與陌生女性

逢場作戲也不戴套。女性雖較小心，但也有很多人在還未清楚認識對方時就沒戴套上戰場，調查中甚至有幾個人說，即使知道自己或伴侶有性傳染病，他們依然未使用保險套。根據美國疾病管制及防範局的統計，50～90歲人口性傳染病感染率在2000～2010年間暴增了一倍。

4.有多少資深單身者在尋找戀愛對象時會注重對方的外表？
　A.22%　B.41%　C.64%　D.87%
　（答案是D）

　　根據一個50歲以上單身男女約會網站（OurTime.com）的調查，顯示有87%的網站使用者認為找伴侶時外表的吸引力很重要，他們不認為良好的健康及穩定的經濟是必要條件。

5.男女誰認為自己比較懂性？
　A.男性　B.女性
　（答案是B）

　　根據2010年一項針對45～65歲民眾的調查結果顯示，59%的女性對於性知識不論是正規的或道聽塗說的，都較男性有自信且說得出口。專家認為，這是因為女性較會與朋友、同事聊性生活，或向治療師尋求協助。

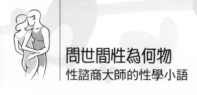

6.有多少嬰兒潮後世代曾在感情性愛方面欺騙過他們的伴侶？
 A.18%　B.27%　C.33%　D.45%
 （答案是B）

　　根據AARP一項針對50～68歲民眾的調查結果顯示，27%
的年長者曾背著伴侶有些小動作。男性當然比較容易迷失：
55%表示他們的欺瞞都是在逢場作戲的場合，28%則說是一
夜情。男女欺騙的主要理由均是被甜言蜜語打動（33%），
28%是與另一半的感情出問題，純粹感到無聊為15%；只有
26%出軌被抓包，其中一半的人宣稱並未因此而損毀既有的
伴侶關係。

7.哪個世代的性關係最活躍？
 A.沉默的世代（1930、1940年代出生者）
 B.嬰兒潮後世代　C.X世代　D.千禧世代
 （答案是B）

　　根據《性行為檔案》期刊（the Archives of Sexual Behavior）
的研究，嬰兒潮後人們一生中平均有12位伴侶，打敗了沉默世
代的5位，X世代的男性年均有10位，千禧世代的年輕人則被
預測平均會有8位伴侶。另根據Match.com網站2017年的調查顯
示，嬰兒潮後的人們與千禧世代相較，同時擁有不只一個伴侶
的可能性高出24%。

8.有多少超過50歲的人在傳性簡訊（sexting）？

A.16% B.24% C.41% D.53%

（答案是B）

安全軟體公司McAfee的一項研究發現，50歲以上的人有24%利用手機或平板看色情圖文、交換親密短訊、暴露照片或傳送挑逗的電子郵件。倘若你也是其中之一，要小心！在AARP的一項調查中，38%的受訪者承認經常偷看伴侶的電子郵件。

9.定期有性生活者活得較久對嗎？

A.對 B.錯

（答案是A）

根據好幾項研究，包括英國學者針對918位45～49歲健康男性性頻率長達10年的研究都發現，與每月嘿咻一次的男性相比，每週滾床單兩次的男性其死亡率減半。頻繁做愛的好處多多，包括壓力較小（高潮可以釋放感覺良好的荷爾蒙）及提高免疫系統功能（每週做愛好幾次的伴侶有較高的抗體，可對抗著涼與流感）。

10.65歲以上的伴侶/夫妻有多少比例非常滿意他們的性生活？

A.63% B.43% C.37% D.11%

（答案是C）

　　一項2017年密西根大學的調查結果顯示，在65～80歲成人中有37%非常滿意他們的性生活，36%是相當滿意，27%則性趣缺缺；女性的滿意度比男性高，在Match.com網站的調查中，單身女性表示66歲時的性愛是最美好的，男性則為64歲。

> **11.有多少嬰兒潮世代宣稱他們一向都有高潮？**
> A.49%　B.39%　C.18%　D.7%
> （答案是B）

　　根據AARP的研究，39%的男女總是有性高潮，另有39%宣稱大多數時候都是完美的結束；男性較女性容易有性高潮（60%vs16%）；約有60%的年長者說即使不再年輕力壯，總體而言他們還是能享受高潮。研究者還提醒，除了完美的高潮，前戲也一樣可以促進身體健康。

4 關於性認同、性導向、性行為，你知道多少？

　　幾年前在倫敦地鐵站等地鐵時，抬頭看到鐵軌另一面牆上的廣告看板上寫著「Food and sex are human natures」，在陌生的都市裡突然有一股熟悉感及得意感。「食色性也」不是我們孔老夫子的名言嗎？老英也認同並將其發揚光大。我們的至聖先師早在兩千年前就看透人性，接納人的口慾與性慾為本性，真了不起！

性是「生命」與「心理」的結合

　　佛洛伊德於19世紀末提出原慾（libido）的說法及人類性心理發展期，雖被許多保守者攻擊，但即使在今天，許多精神科醫師及心理師仍使用精神分析學派來評量及治療性問題。然而我們的老祖宗更厲害，早在五千年前倉頡造字時就發明了「性」這個字，左邊是「心」，右邊是「生」，意即「性」是「生命」與「心理」的結合，身心合一也。

　　因此我們不必談性色變，老祖宗早就告訴我們，性≠性交。性是我們生活的一部分，從一個人誕出之初就有了性別，從小到大接受性教育（很可惜，父母不談，老師說的又

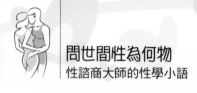
少），到了青春期第二性徵出現，身體開始發育，逐漸感到性的能量，於是有了性驅力、性需求，且隨著自己的性導向發展感情關係（男女、男男或女女），進而有了親密關係。

性的涵義很廣，除了性別，還包括性認同、性導向及性行為。

1.性認同：「我是一個有性的人（sexual person）」，男女皆然，每個人都能承認並接納自己有性需求及建立親密關係的需求。

2.性導向：大部分人是異性戀，但少數人的戀愛對象是同性，跨性別者則視其為「男兒身女兒心」或「女兒身男兒心」，前者之戀愛對象為男性，後者則為女性。

3.性行為：與性有關的行為，如觸摸敏感部位、接吻、擁抱、愛撫、口交、陰道交、自慰、他慰（手交）及肛交等均是，一般稱性交為性行為。

定義太狹窄起因於「性＝性交」的迷思

人是複雜的動物，人際關係因而複雜，雙人的性也因每對伴侶的個性、性觀念及感情等因素而有高品質的性愛或不和諧的性關係。伴侶在剛開始時因為新奇與探索感到刺激與震盪，但日子一久習慣成自然，新鮮感與冒險感消失，做愛如舊，但沒有情話，缺少激情，也不懂得做性溝通，伴侶間各有心事，有人憋在心裡，有人向朋友傾訴，只有少數人會去求助

性諮商師。

不是同居三年或結婚五年的伴侶就很會做愛，愛人與被愛都要學習，做愛更需要學習。因此，在雙人性中除了了解自己及對方的身體部位外，還應自由開放地探索彼此的身體，恣意表達做愛當下的感受，說出對性愛的期待，以「付出即得到（give to take）」的心態來配合對方，一起享受身體碰觸及接合的歡愉。

然而，單人的性也值得被重視。一個單身者若沒有性需求，他可以不要有任何性實作。只是大多數的單身者可能有性需求卻沒有情感上的伴侶，又不願意光找性伴侶，乃訴諸於自己。他/她可以愛撫自己的身體，以自己喜歡的方式自慰，也可以因釋放性能量、享受愉悅感而自得其樂。

自慰是最安全、經濟、捷便且健康的舒壓方式，它不是青少年或單身者的專利，它是全體人類的權利，一般人以為有了男女朋友或結過婚的人就不可以自慰，這又是一個性迷思，且現實生活中比比皆是。

以自慰來彌補性需求之不足是好事

文德與美美談戀愛，兩人已進入愛撫階段，美美堅守最後一道防線，文德卻因身體接觸而high到不行，箭在弦上，忍受飽脹之苦，每每沮喪地自女友身上離開，悻悻然回家去，回到家又不敢自慰，他覺得這樣做對不起女友，也怕她生氣，其實

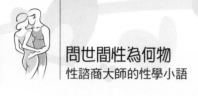

這樣想只是苦了自己，他大可回家盡情享受。

春美推門進入浴室，不小心瞧見正在DIY的丈夫，她目瞪口呆了五秒鐘後尖叫跑回臥室，丈夫被撞見感到窘迫，穿上衣服也躺到床上，以手觸摸太太的身體想表達歉意，也想測試她有沒有性趣，可惜時機不對，春美用力推開他的手，罵道，「那麼喜歡自己做還要我幹嘛？」被罵的人也沒好氣，翻過身去，兩人就這樣背對背地在壞心情中睡去。

夫妻的性慾不一定同調，尤其個人每天都有自己要忙碌的事，以自慰來彌補性需求之不足是好事，丈夫並無二心，洗澡時順便解決，稍後上床就不會吵到太太，兩人均可一覺到天亮，因此春美應該很高興看到丈夫自慰才對，除了讚許先生忠心，也可因此了解先生的性需求狀態，甚至進浴室「幫忙」他手交，或兩人在浴室裡來一場翻雲覆雨，這種沒有預期的性愛，通常會給結婚已久的夫妻帶來高度衝動與強烈刺激，往往有意想不到的效果。

因學習性愛而能與伴侶享受美好的感覺

不論已婚未婚，在人一生中性方面多多少少會有些困擾，例如：

- 我的長相/身材吸引人嗎？
- 我的性能力夠嗎？
- 我是否有男性雄風/女性魅力呢？

- 為什麼我想要時伴侶不想要？
- 要如何接吻才能有性激發？
- 我有性慾卻很難勃起/激發，怎麼辦？
- 伴侶應該一起到達高潮嗎？
- 我的男人是否有早洩的問題？
- 我的男人遲遲不洩精，他是否不愛我？
- 做愛時可以說話嗎？
- 已經好幾次了，為什麼做愛時我會痛？
- 性生活不滿足怎麼辦？有沒有人可以問？
- 像我這樣結過婚的男人/女人也有人追，心好癢啊！

諸如此類的問題不勝枚舉，除了一般的困惑（confusion）及經過評量的困難/問題（difficulties/problems）外，還有許多個人或伴侶特殊的疑問（questions），例如：

- 丈夫很喜歡我舔他的睪丸，這算愛撫嗎？
- 丈夫看完A片才要跟我做愛，這是變態嗎？
- 一碰到太太的乳頭她就興奮不已，這是不是很危險？萬一別人碰她她也很容易興奮啊！

每個人的心理狀態不同，帶出不同的認知、情緒與行為；每個人的性心理亦不相同，亦即在性方面對認知、情緒與行為的反應不一，才會有一些少見或奇怪的想法與行為，這稱為「性的多樣化」。有人因性無知而無法享受性或處於忍受性的狀態，有人因縱情聲色只顧自己的肉體愉悅，也有人因學習性

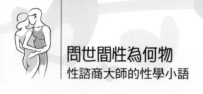
愛而能與伴侶享受美好的感覺。

　　人們在性的認識與實作中產生的困惑或問題如何處理？伴侶間的性溝通如何進行？這些可能是你/妳的問題，也可能是你周遭人的難言之隱，讓我們大家一起來學習性教育吧！

5 性教育在開放或保守之間的拉鋸

　　美國北加州庫比蒂諾市（Cupertino）有鑑於2016年1月通過的新法案，加州所有的公立學校都要提供「公正不偏」的性教育，尊重每個人的性導向，並介紹霸凌的處理方式，庫比蒂諾聯合學區也因此有了性教育新課程，教材的建議教法包括男女學生在一起、以小組討論性議題。

　　課程內容是針對12～13歲的七年級生，教導不同的性導向外，還介紹「口交」、「陰道交」，甚至「肛交」等不同性行為方式及禁慾，並介紹不同的選擇可能得到性病與懷孕的機會；另外也提及「為什麼口交會懷孕？」、「為什麼有人會因肛交而懷孕？」、「如果女生沒有避孕為什麼不是每次都會懷孕？」

教材誤導可能造成性過度開放

　　這些內容在社區引起熱烈討論，不少家長認為不應太早教育這些，如果單純介紹人的身體器官、生理或如何避孕，那都可以接受，但直接提到三種性交方式，且教材還特別將這三種方式對比懷孕的機會，逼迫學生腦力激盪，實在太超過了。

家長們非常擔心青少年可能會為了不想懷孕而選擇非傳統方式，亦即口交與肛交。這樣的教材實有誤導之虞，後果可能造成性的過度開放。

　　加州有些學區已經決定採用這套新教材，但庫比蒂諾學區則因受到家長強大的壓力，乃徵集各方意見由學區委員擇日投票決定。由於矽谷亞裔居民居多，尤以華人及印度人為多，眾多家長紛紛在網上或以紙本連署簽名，要求修正性教育課綱。

　　學區委員投票的日期訂在2017年3月28日晚上，當天下午就有大批反對的家長集結在學區辦公室門口，身穿黑衣黑褲，手拿標語抗議，並遊行至晚間開會的地點Nimiz小學。過程中，支持與反對的家長輪番發言，不少家長聽聞支持的言論時就在台下鼓譟，也有支持者稱反方為「流氓」，指稱「上台或說真話可能會被霸凌」，一來一往場面十分火爆。

　　參與遊行與會議抗議的家長大部分是由華裔及印裔組成，其中的華人代表大聲疾呼，大家並不反對學區有正常的性教育，課程可以多闡述生理改變、結構與衛生和保護意識，而非專注如何「進行性行為」，且應該讓更多家長查看教材、提供意見。「我們對多元族群不歧視，但不代表保守家庭的想法可以被摒除，任何意見都應該被平等對待，我們的想法不能被置之不理！」

　　許多民眾也針對學區決定課綱的過程表示抗議，一位法律教授在發言台呼籲，學區應給家長更多時間查看教材，因為實

際開放時間僅僅一週而已。他強調，學區應開放線上版本，讓大家真正瞭解內容、提供意見，再來討論是否得宜。

3月28日當晚展開5位學區委員的投票，其中1位在現場以利益衝突為由離席，兩位華人學委投反對票，另兩位投贊成票，形成2：2平手。但由於贊成票未多過反對票，學區宣佈不接受新教綱，反對的家長們於會場外歡呼且大肆慶祝。

這個課綱的終止卻是下一個課綱的開始，家長們的意見雖言之有理，但他們並非性教育家，學區還是得禮賢下士，聘請性教育專家來撰寫符合美國社會趨勢及文化大熔爐的性教育教材吧！

對新觀念、新潮流易因觀念脫節而受到驚嚇

不只北加州的華裔及印裔家長性觀念保守，南加州的西裔居民也是如此。大洛杉磯的艾爾蒙地市（El Monte）日前舉辦新春煙火節的社區活動，除了煙火、遊藝節目，最受歡迎的還是各族群帶來的小吃攤。在洛杉磯經營「美食英雄」食肆（Yummy Hero）快3年的台灣人Eric也不落人後，擺攤販售大鵰燒（D-Cakes）。沒想到活動落幕後居然有西裔居民向市府指控，辦活動竟允許小吃攤販售男性生殖器形狀蛋糕，有妨害風化之嫌。抗議者表示這種食物長相相當「噁心」，且「非常不適合」，他聲稱自己雖不是家長，但這件事已經引起附近鄰居家長的討論及反對，市政府應該拒絕該攤販進入這樣沒有年

齡限制的社區活動。

官方的回應是，市府不可能向每個攤販事先詢問販賣商品的樣貌，民眾應將目光放在第一次中華文化活動的成功。然而這次接到市民的反彈，市府未來會多加注意，也會避免類似的事件再發生。

大鵰燒的店主Eric表示首次接到這樣的抱怨，他也承認，當天沒有擺放「18禁」的警告牌確實不妥，但在販賣前主辦單位對他所販賣的商品並未有疑問，且當天艾市市長及警員都曾前來購買，還稱讚好吃。Eric表示可能僅是部分家長認為不妥，家長不妨向孩子解釋，「就是一塊蛋糕」，孩子應不會有太多想法。

矽谷是菁英聚集之地，尤以亞裔為多，他們帶著祖國傳統的觀念移民到美國，努力工作，給自己及家庭較好的生活，也鼓勵孩子受高等教育，沒有將心思放在家庭性教育方面，端賴學校實行性教育。南加的西裔住在艾爾蒙地市，屬於中上階級，與北加的亞裔移民有同樣的保守觀念，因此當新教法、新觀念、新潮流出現時，他們因脫節而受到驚嚇，以致反彈，所以父母和教育當局的溝通與交流、取得共識是非常重要的。

6 測測你的性IQ

　　性在家庭、學校及社會中很少被提及，人們憑本身的認知及感覺在成長歷程中摸索，道聽塗說，也接受片段不全的性教育，於是許多迷思在心中形成，也有很多不敢問的問題，因此只要一談到性，刻板印象就出現了。殊不知，過時的概念會阻撓性健康和性滿意。以下是最常被問到的問題，也可說是性的十大迷思，給你自己做個測驗吧！

對　錯
□ □ 1.男性得為女性的高潮負責
□ □ 2.一個健康的男性不論在何種情況下都應該能勃起
□ □ 3.三分之二的女性不能光自性愛中達到完全高潮
□ □ 4.三分之一的男性在他們想達到高潮之前就射了
□ □ 5.女性經歷到性慾的高低流動是不正常的
□ □ 6.絕大多數有外遇者是男性
□ □ 7.偶爾為之的幻想是沒問題的
□ □ 8.跨性別者必定會想要補充荷爾蒙及動手術
□ □ 9.一個人的性腳本（sexual script）通常在青春期就寫好了
□ □ 10.有嚴重疾病或慢性病的人沒有時間來擔心他/她的性

答案

1.（錯）、2.（錯）、3.（對）、4.（對）、5.（錯）、6.（錯）
7.（對）、8.（錯）、9.（對）、10.（錯）

答案計分：

答對1～4題：你需要重大啟蒙

答對5～8題：你瞭解一些基本觀念，但仍卡在某些刻板印象中

答對9～10題：你對性很了解

1.男性得為女性的高潮負責（錯）

我們生活在聚焦於高潮的社會，許多人認為「給」女人高潮是男人的工作。男性固然能幫助促進女性高潮，女性最終還是得對自己的性反應負責，尤其是性高潮，倘若一個女性在性方面沒有正確的認識，全世界所有的刺激都不足以帶她進入高潮。宗教、社會、道德或心理方面的衝突都會造成女性在做愛時的壓抑，女性必須在身體及性愛全程舒適的情況下才能享受高潮，瞭解自己身體且能帶給自己高潮的女性，比從未在自慰中獲得高潮的女性更容易與伴侶一起達高潮。

很多男性覺得如果他們的女伴無法從性愛中達到高潮是自己做得不夠好，這是基於「男性雄風」的直接反映。女性必須對伴侶開放及誠實，說出她們感覺最愉悅的形式，伴侶其實很願意接受這樣的回饋，然而許多女性覺得很難說出口，「我不

想傷害伴侶的感覺，或損傷他們的性自我」，因此有不少女性為了維持伴侶的自我乃假裝高潮。雖然在當時似乎是做對了，卻是剝奪愛侶雙方長期性滿足的缺失。

幫助伴侶達到高潮是一個連結與親近彼此的美好方式，你可以使用新姿勢或新技巧，鍥而不捨地尋找「舒適帶」，並樂意接納回饋，可以幫助女性達到極至高潮（the big O），只是女性最終還是得自己努力獲得性滿足。

2.一個健康的男性不論在何種情況下都應該能勃起（錯）

性反應的激發期（男性達到並維持勃起）要比大多數人所瞭解的更細緻、更微妙，只是有關男人性迷思及刻板印象的事仍然主宰我們的文化，許多男性還是認為他們在愛撫時應該立刻勃起且維持硬度良久。

糖尿病、高血壓及肥胖等生理狀況會影響陰莖充血的歷程，某些藥物，如抗憂鬱劑、抗精神病藥物、高血壓用藥及荷爾蒙替代品等，也可能抑制性反應的激發期。另外，酒精雖然被公認有打開社交壓抑的效果，但它卻不是陰莖的朋友；酒精是一種鎮靜劑，會壓低性反應。慢性病、手術、化療、疼痛、受傷、抽菸、某些娛樂性毒品，甚至騎單車，都有可能影響男性獲得及維持勃起的能力；再者，許多男性似乎未覺察到「不反應期」，即男性射精後再勃起之前陰莖正在修護以恢復活力的那段時間，隨著年齡增長，不反應期也會拉長。

　　勃起功能障礙除了諸多生理因素外，越來越多男性因心因性無能（psychogenic impotence）而到性治療診所求助。心因性無能就是男性因心理問題而出現勃起功能障礙。有些20、30

關於安德生教授

　　安德生教授是AASECT認證的性治療師、演說家及教授，具有25年治療個人、伴侶/夫妻和團體的經驗，她專長於幫助案主們達到極至的性健康與性滿意。

　　臨床上，她以令案主感到極度安全而著稱，打開心房傾吐深度親密的話題。多年來她以既自在又深刻地與人們談論性的特殊風格備受稱讚，她的生活改變技術（life-changing technique）就是她「引發自在性對話」（Comfort Inducing Sexuality Dialogues）的獨特臨床治療模式，長期以來幫助數百個案主挽救婚姻。

　　安德生教授帶領支持團體、伴侶退休會，也做密集性及傳統的伴侶諮商，她對於慢性及急性病有特別興趣，她也治療

幾歲的男性雖身體健康，在性交時卻無法變硬或維持硬度。性治療師安德生博士（Kimberly Resnick Anderson）蒐集了干擾激發最普遍的一些情緒，將其首字母縮略成「SHAARD」，

成千位特殊性傾向的個案，包括LGBT、一妻多夫和BDSM，擅長將這群邊緣化人口去病理化。

安德生教授為《婦女日》（Women's Day）雜誌寫很多有意義的文章，也經常被著名的〈The Huffington Post Magazine〉電子報摘錄其文章，她也是〈Your tango.com〉的專欄專家，並有文章刊載在一些醫學期刊上，如《女性病人》（The Female Patient）和《性與婚姻治療》期刊（The Journal of Sex and Marital Therapy），她也是廣電節目的專家、TLC電視台〈奇怪的性〉（Strange Sex）系列影集的顧問。身為演說家及專家，她的名字及文章在15個國家被提及和摘錄，另外，她也在世界性的性健康大會中擔任無數次主講人。

安德生教授在醫學教育研究所的課程使她成為受歡迎的教授，教導醫學院學生和健康專業人員自在地與病人和案主討論性議題，她也提供線上性教練（online coaching）和電話治療（teletherapy）給國內外的案主。目前她與家人住在洛杉磯，在比佛利市開業，也為性治療專業人員提供專業課程。

意即這些症狀如同玻璃碎片穿刺了性功能的心臟。

S – Shame/Guilt羞慚/罪惡感

H – Humiliation羞辱

A – Anger生氣

A – Anxiety焦慮

R – Resentment怨恨

D –Depression沮喪

視個人的社會地位、因應技巧、發展史等等，這些情緒的任何一種都會阻擾性愛進行。許多男性在治療歷程中才驚訝地發現，原來情緒會干擾性愛。經過治療後他們才瞭解陰莖不會自己思考，它只是附在活生生但脆弱的男人身上的一個器官。

3.三分之二的女性不能光自性愛中完全達到高潮（對）

事實顯示，多達80%的女性不能從性交中達到完全高潮。這意味著十個女性中有八個需要某種輔助刺激（手、口交、震盪器等）來達到性高潮，這個統計對於以為自己有點不對勁的女性而言是有驗證性的。她們一直存有錯誤的觀念，就是她們所有的女性朋友、鄰居、家人等都是從性愛中獲得高潮的，當她們獲知自己原來屬於大多數人，立刻感到如釋負重。

有些男性（甚至一些女性）總是高度地相信性交高潮，倘若女性高潮不是來自性交他們就會覺得被騙。遇到這種情

形，一點點的心理教育就可發揮很大的效果。只要女性能享受愉悅，當然可以用其他方式！性生活的目標就是要分享相互滿意的性交會（sexual encounter），愛侶們能達到的方法何其多，何必獨沽一味！

4.三分之一的男性在他們想達到高潮之前就射了（對）

統計數字可能較真實為低。男性通常都期望其一生永遠隨時都能堅挺勃起，且他們期望能持續堅挺，直到伴侶自性交中達到高潮，然而高達80％的女性卻無法自性交中獲得高潮。許多男性認為理想的勃起持續時間從半小時到整晚都有，意見不一，但這些觀念多是源自傳統的性文化，這常常讓他們感到自己男性雄風不足。

有些男性天生容易早洩，醫學上稱此為早發性射精，現在稱為快速射精（rapid ejaculation），這是影響性滿意很重要的因素。然而，隨著醫學科技的進步，「性功能障礙」的定義也跟著改變了，目前的定義是在想要之前就射精了。但一個男人的垃圾可能是另一個男人的寶藏：約翰5分鐘後就射精達到高潮，他的妻子也有高度的性反應，通常在5分鐘之內就可到達兩個高潮；喬治可持續20分鐘才射精，但他的妻子卻從未達到高潮。約翰並不需要性治療，但喬治可能需要。這印證了一句俗諺：美麗存在注視者的眼中（Beauty in the eyes of the beholder）！

例一：史帝夫5分鐘後就射精，他的妻子說，「就這樣

啊？你就只能這樣？我幹嘛跟你做？你真是個笑話！」

　　例二：邁可也是5分鐘就射精，他的妻子說，「哇，我一定是讓你很興奮，才會這麼快到高潮！」

　　同樣的射精卻有不同的結果！伴侶對於性功能障礙的反應決定兩人是否性和諧。與案主討論高潮的真義及一般的性能延緩快速射精，服藥（低劑量的SSRI抗憂鬱劑）對於治療快速射精也很有效。請記住，男人是可以玩整夜的，但如果他的伴侶不喜歡他就玩不起來了，再多的性活力也無法療癒破碎的關係。

5.女性一生經歷性慾的高低流動是不正常的（錯）

　　人的一生都會經歷性慾的高低流動，而女性面對這些流動則是特別脆弱。性慾是性反應的第一階段，接著而來的是性激發、性高潮和性滿足。性慾是性反應中最複雜且脆弱的階段，尤其對於女性。

　　性慾可分為三個截然不同的次成分：生物、社會與心理。生物慾代表你身體內性能量的生理體驗，也就是性慾（libido）、衝動（horniness）或驅力（drive），它們死死地綑綁在我們的DNA裡面，是我們的荷爾蒙在行動，這與個體關係的品質毫無關聯，它只是單純的衝動。而性慾的社會表徵是經由我們自文化、宗教、社會、父母、同儕、媒體等所形塑而成的訊息，縱然這些訊息並不總是健康或正確的，它們卻

深深地銘記在我們的心理層面，形塑我們對性別角色、性行為、性幻想、性自在、自慰及其他更多的各種感覺。

性慾的心理成分代表伴侶關係的品質與氣氛，如果你不喜歡你的伴侶或不信任他，那一定會影響你們性慾的動機。女性在這方面特別想要與她的伴侶同步，倘若有「不良意願」（ill will）或持續的負面互動，將會干擾女性對性邀約的接收。女性性慾的構成格外複雜，許多因素都會影響女性的性慾，包括疲倦程度（睡眠不足是女性性慾的敵人）、身體健康、心理衛生、荷爾蒙狀態、懷孕、母性、大家庭的義務、性別認同、藥物和酒精、身體形象、自尊等等。

6.絕大多數有外遇者是男性（錯）

雖然以往真是如此，現在絕對不再是這樣了，現代女性跟男性一樣會不忠。雖然女性跟男性一樣常欺騙，但她們傾向於為了不同的理由而欺騙。一般而言，男性欺騙是為了性滿足，女性則更多是為情緒理由而欺騙。現代男女喜歡外遇的原因有哪些？

1.更多女性進入職場：女性在職場中可以接近的不只是其他男性，也可動用自己的收入。當女性純為家庭主婦時，她們仰賴丈夫的金錢及他給的社交機會，外出工作後不用整天待在家裡，不需說明每分鐘在做什麼，也不用一直督促孩子，甚至幾天的出差旅行也是常有的。

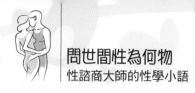

2.方便的網路：網路也成為女性外遇的發動器，24小時都可接近世界各地的男性，在網路上交友及戀愛（或至少以為她們在戀愛）的機會是驚人的。即使不上班，在家帶幼兒的女性也能撥出時間進入網路世界，與丈夫以外的男性發生連結。

網路提供一種「假性親密」（pseudo intimacy），使人們感覺好像被深刻瞭解。網路世界的匿名性讓人們可以更誠實地分享個人訊息，甚至探討一些她們不會與床頭伴侶分享的私密幻想。此種「解放」來勢洶洶，讓腦子開始活動，釋放一種感覺良好的化學物質多巴胺（Dopamine），這種愉悅的感覺讓人們感覺像是在戀愛。

許多研究者認為「線上出軌」比身體出軌更危險，因為它是一種情緒本質。情緒戀情經常被理想化。「他比我丈夫瞭解我」，或者「我可以預期我們的性愛一定會很棒」，或者「他總是知道該說什麼」，有些女性就真的因此拋夫棄子與線上情人去追尋真實生活中的感情關係。一旦進入現實生活，她們才發現夢幻破滅，這種關係毫無真實感情基礎，原來的家庭才是最美好的。當然也有女性案主由於網路男友的支持與鼓勵，鼓起勇氣離開不健康、有虐待性的婚姻關係。

多少男女也經由臉書找到舊情人，女性尤其容易心動，因為念舊是一個強大的無形力量，重新與「青梅竹馬」或「初戀」連結是很難讓人抗拒的。這是危險又普遍的現象，網路就像金錢或酒一樣，既是好事也是壞事。

7.偶爾為之的幻想不會有問題（對）

幻想是不入流的！在我們的文化中性幻想是具威脅性的。但真相是，幻想自己的伴侶可以是一種私密的前戲來幫助個人有心情做愛。想像你與伴侶最熱情激盪的性交，如同你當年在海灘或電影院內所做的事，可以幫助你重新連結那些早期的愉悅感覺。

很多人擔心如果他們幻想的對象是別人而不是伴侶，雖然這可能有風險，但幻想別人在本質上並無不妥，你只要將此性能量帶到伴侶身上。事實上，如此做是完全沒問題的，幻想應該是被用來強化性愛。假如幻想開始對你造成干擾，那就是該求助專業醫療的時候了。

有些人真的變成非常依賴性幻想，沒有性幻想就無法激發或達到高潮。這當然是一個警訊，尤其當性幻想是具有侵略性或敵意的本質。依賴性幻想可能引發罪惡感或羞慚感，前文曾提到羞慚會造成性功能障礙，你或你的伴侶若因為與性幻想有關的羞慚感造成房事困難，這時就得尋求一個合格的性治療師來協助處理了。

8.跨性別者一定會需要荷爾蒙及手術（錯）

有關跨性別這個領域近幾十年來改變急遽。90年代初期，心理衛生實務工作者做了許多性別不適症（gender dysphoria）的不正確假設，說每個跨性別者都想要經由荷爾蒙和外科手術

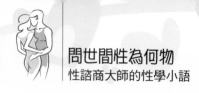
來改變性別，美滿地與異性一起生活；另一個有瑕疵的假設就是他們這樣做容易得精神疾病。現在，性別的座標是流動而非固定的，在探討及表達性別時人們有許多選項。

前來性治療診所的跨性別案主，有些只是想談談他們的性別認同及對其情緒和性生活的影響，也有些人想要試服荷爾蒙「看感覺如何」，還有人想要服用荷爾蒙來體驗某些生理和心理的改變，但不希望動刀，有些人想要以異性性別來與他人互動，更有人選擇在社會上保留他們的性別角色，另有人想要動手術改變其身體。

今日任何跨性別者可隨時停止他們正在做的改變，並沒有清楚的指標可以達到特殊的結果，不再有治療跨性別者的守門之說了。在有網路之前，他們被考慮成為荷爾蒙和外科治療的候選人之前，跨性別者必須經過密集的心理治療、發展史、性史資料收集，那是一個羞辱、費時且昂貴的過程。現在你可以在網路上購買荷爾蒙！心理衛生及醫學治療不能再像以往一樣強迫案主照他們所說的去做。

自主性現在屬於案主了，本來就應該如此，然而還是有許多內分泌專家及外科醫師仍然要求心理衛生專業人員背書。儘管遠離精神科的監督是個好的轉變，在性別不適應中掙扎的人最好還是去找一位合格的性治療師做心理治療，探討自己的目標與選項。

任何重大決定不論是否與性有關，都可能產生導致衝突的

曖昧不明。如果選擇服用荷爾蒙一定要聽從醫師的囑咐，曾有些案主未經醫生診斷即自行服用荷爾蒙，結果就生病了。

9.一個人的性腳本（sexual script）通常在青春期就寫好了（對）

什麼是「性腳本」？不妨把它想成是地圖或藍圖，它代表激發你性慾的主題及內容。當電影腳本說了一個故事，性腳本也表達了一個人的性故事。很難相信一個人的性腳本在根本沒什麼性經驗的青春期就已經定位，然而，一個人性意向的調調和感覺，在荷爾蒙在身體裡產生改變時就變得明顯了。

大多數人所發展的性腳本是傳統的，包含可預測的模式與主題。有時候，尤其是男性，腳本的主旨與調調是非傳統的，他們缺乏親密感且有很高的侵略性、強迫性與羞辱性。男性有非傳統性腳本的性故事幾乎都早在青春期就有跡可循了。

到了青春期，許多男孩就知道他們是否為同志，是否為跨性別者，是否容易被激起性慾，是否想要歡愉的性愛或者是強制的、敵意的性。他們知道自己是否喜歡在窗戶偷窺，是否喜歡在公眾場合露鳥，是否被外向或羞怯的女孩吸引，他們也知道自己是否有男性氣概，是否受歡迎，是否有「正常」或「怪異」的性思想。這些主題變得逐漸深刻，雖然仍有一些搖擺的空間，但要改變一個人的性腳本是極其困難的。

性腳本成為個人性發展的深刻烙印與長久存在的要素，很

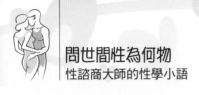

多男性到性治療診所要求改變他們的性腳本，因為他們的性趣是不合法的或暴力的；也有人認為自己是怪物而來求助；更有人對他們非傳統但無害的性興趣前來尋求確認與支持。性治療就是要幫助人們降低對自己性羞慚及將非傳統性興趣去病理化。只要性活動是安全的、正常的、雙方同意的，又有什麼關係呢？唯一要注意的就是有些性興趣很難與伴侶連結，這就難以達到親密感，要知道，有情緒親密才是健康的性。

10.有嚴重疾病或慢性病的人沒有時間來擔心他／她的性（錯）

　　性健康是整體健康和生活滿意的主要關鍵，由性健康就可看出身體或心理的疾病。人類存在的主要目標是活著，並達到相當程度的生活品質，很多能量是用在嘗試維持一個人的性功能與性滿足。一些因醫藥作用而導致性功能障礙的案主很清楚地知曉他們的伴侶需求並未被滿足，他們開始擔心伴侶會出軌，也覺得自己的身體不再有吸引力，害怕伴侶會因為自己的病把他列為性的拒絕往來戶；倘若他們尚無伴侶，就會擔心永遠找不到伴侶，更擔心再也不能享受性，甚至無法生育。要知道，身心罹患疾患的人當然還是有性之人，他們的性雖受到疾患影響，卻不會消失不見。

7 當宗教遇上性學

性是複雜且不被談論的議題，易觸及原始的情緒及個人早期經驗，宗教其實亦然，不論是性學研究者或神職人員均甚少同時談論這兩件事。黛博拉・海夫納（Debra W. Haffner）是一位性教育家及性正面擁護者，也是個虔誠的基督徒，她為了宣教而進修，成為傳道人後兼具性學及神學雙重專業。許多人都覺得此二專業會互相抵觸，但黛博拉卻宣稱她的使命來自相信精神層面乃是生命中滿足感之極至，而性與精神是密不可分的。

黛博拉曾於1988～2000年擔任國家性資訊與教育委員會（SIECUS）執行長，全力支持自幼兒園至12年級的性教育並論著無數，主要目的在提供性學研究者一些工具，以幫助案主破除《聖經》在教導性方面的許多迷思。

許多人自認為了解《聖經》中所教導的性，他們認為《聖經》中的性單指傳宗接代，且自慰是不對的，墮胎及避孕也不可以。黛博拉認為他們並未真正完全瞭解，其實《聖經》對於以上議題完全沒有提到，2004年她在《當代的性》（Contemporary Sexuality）期刊中一篇〈性與經文〉（Sexuality and Scripture）的文章提供了一些有關性的正面議

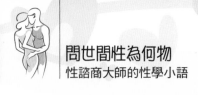
題的觀點，茲翻譯並摘錄如下：

1.人類乃性的生物

　　《聖經》一開頭就肯定了人類乃性的生物。在〈創世紀〉第1章27節提到「神就照著自己的形象造人，乃是照著他的形象造男造女。」其實在夏娃還沒出現時，《聖經》就已提及要按照神的形象造男造女，所以神的形象已經有男有女。上帝對人類的第一個命令便是「要生養眾多」（創1：28）。在第2章提到上帝首次不喜悅，「因為那人獨居不好」（創2：18），於是開始給亞當找個伴，祂將各種動物帶到了亞當面前並建議他從中找個伴，亞當全都拒絕了，上帝這才使亞當沈睡，造了個女人給他。此章的最後一句特別強調性的核心，「人要離開父母、與妻子結合，二人成為一體。」（創2：24），結合的目的是性的歡愉；創世紀第2章並沒有任何一處提到生殖這件事。

　　這兩個不同的創造故事均同時強調了男女之間的平等，承認了我們生活中需要陪伴者和幫助者，肯定「性」同時具有生殖及娛樂的功能，並強調上帝是高興地賜給人類這份禮物。

2.身體是美麗的

　　保羅教導「我們的身體就是聖靈的殿」（林前6：19），而此信息多次出現在《希伯來書聖經》及《新約聖經》中，《聖經》經常評論主要人物的吸引力：「利百加的美麗、拉結

生得美貌俊秀、約瑟原來秀雅俊美。」（創24：16，29：17，39：6）。 雅各與拉結是第一個被記錄一見鍾情的例子，部份原因就是他們身體之美（創29：20），提到雅各等待7年卻如同幾天。而雅歌中的戀人們都極度美麗且身體各部分亦是令人激賞的。

3.關於體液

《聖經》都是公開且坦白的論述生殖器官和身體功能，也很坦率地講到月經及射精。在拉結欺騙拉班的故事裡，月經事實上是被用來當作陰謀詭計的手段——拉結把她和雅各從父親那裡偷來的神像放在她下面，然後說她正在月經期間，以至拉班不能夠靠近拉結，不能夠要求她起身或碰觸她的床單（創31：32）。另外有個故事就是患血漏流血逾12年的婦人（太9：20），耶穌觸摸她且醫治好她。在利未記中也描述到當某人不小心遺精及射精，他必須有繁瑣的步驟來處理這個問題；另外當一個婦人在經期之外出血時也需繁瑣的步驟來處理以得潔淨。

4.有關性的愉悅

性慾在〈創世紀〉和其他故事中出現很多次。〈創世紀〉6：2裡講到神子們渴望人類女子的美貌；〈創世紀〉18：12中撒拉在年老時描述性親密時的愉悅；另外〈創世

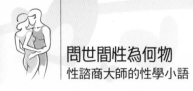
紀〉26：8講到以撒被注意到在愛撫他的妻子利百加；〈創世記〉30：14～16講到雅各的兩個妻子利亞和拉結談判哪個晚上可以和雅各睡覺；〈士師記〉16章論到大利拉在與參孫有了三次的性奴役後就使參孫順從了她；〈箴言〉5：18～19也說到「要使你的泉源蒙福，要喜悅你年輕時所娶的妻，她如可愛的麀鹿、可喜的母鹿，願她的胸懷時時使你知足，她的愛情使你常常戀慕。」

5.關於獨身

《希伯來書聖經》中經常出現性且公開地被說明。獨身主義在《希伯來聖經》中不是一件好事，在《新約聖經》中充其量是少數人的選擇，獨身只發生在那個國家政治混亂的時期，例如〈耶利米書〉16：2講到耶利米因為即將發生的疾病和毀滅而保持單身；還有在〈士師記〉11：39提到耶佛的女兒請求父親允准她終身為處女哀哭兩個月之後再來執行死刑的宣判，事實上以色列女子據說每年會去為耶佛的女兒哀哭，因他的女兒終身為處女。

至於保羅在〈哥林多前書〉7：8中說「與其慾火攻心不如嫁娶為妙」，這句話又怎麼說呢？首先我們要知道他講這樣的話是在回答當時的哥林多教會，那時哥林多教會的人相信末日已近，他們寫信給保羅，問他末日快要來到，人們是否要繼續舉行婚禮嫁娶呢？他的基本回答就是：「這要視情況而

定」。保羅認為終身禁性關係是一個特別的恩賜，在〈哥林多前書〉7：7中他說，「我願意眾人像我一樣，只是個人領受上帝的恩賜，一個是這樣，一個是那樣。」且保羅也承認這只是他個人的信念而已，因為他在〈哥林多前書〉7：25說：「論到童身的人，我沒有主的命令。」事實上保羅勸告那些已經結婚的人說，「配偶兩人都是欠對方的債，應該要保存對方的權益」，因為妻子沒有權柄主張自己的身子，乃在丈夫，丈夫也沒有權柄主張自己的身子，乃在妻子（〈哥林多前書〉7：4），所以他們不應該太久沒有性，在〈歌林多前書〉7：5中還說，「夫妻不可彼此虧負，除非兩廂情願，暫時分房。」

6.關係典範

　　亞伯拉罕、雅各（《聖經》中三位族長的其中兩位）都不是一夫一妻，還有《聖經》中其他的英雄人物也都不是一夫一妻，直到我們看到耶穌。據推測他是獨身主義，雖有些歷史學家認為他很有可能是鰥夫，因為猶太人在青少年晚期就會被安排結婚。《聖經》中有智慧的人，所羅門（〈列王紀上〉11：3）有妃700位、嬪300位，至於他的父親大衛也有21位妻子。事實上經文告訴我們，大衛年老時很憂鬱，一位年輕女子被呈現給他當作是治療的方法，雖然那時他已經過於沮喪而無法好好利用她了。（〈列王紀上〉1：1～4）

　　耶穌的信息是一種非常親愛及激進的包容，對男女及不

同性生活型態的人都適用。舉例來說，〈約翰福音〉中耶穌將他是彌賽亞的身分揭露給一個撒馬利亞婦人，這件事震撼了他的門徒。〈約翰福音〉8：7中記載，這個撒馬利亞婦人有

關於黛博拉

黛博拉致力於引導教育工作者認識有關爭議性性議題的宗教觀點，並在不同年級孩童的教育上發展宗教議題，她也盡力幫助年輕人探討宗教對其態度和行為的影響，目前擔任宗教學院（The Religious Institute）的執行長，這是一個結合宗教與性的非營利組織，專注於支持並發展性教育、生育正義，提倡LGBT在宗教及公眾生活中所有領域的完全平等。對她而言，當宗教遇見性學，人生才更得完滿。

她於2016年4月30日退休後，迄今一直在維吉尼亞州瑞士頓市的神體一位派教會擔任牧師（The Unitarian Universalist Church in Reston, Virginia）。

5個丈夫，且她現在還跟另一個男人同居。事實上耶穌揀選這位婦人去傳播耶穌是彌賽亞的訊息，但耶穌並沒有要她和她同居的男人結婚；另外《新約聖經》最常被引用的段落是，耶穌不願意譴責被控通姦的婦人：「你們中間誰沒有罪誰就可以先拿石頭打她，結果所有的人一個個都離開了」。（〈約翰福音〉8：7）

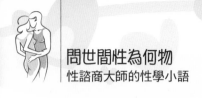
8 樂齡有性更健康

由於科學及醫學發達，全世界人口趨高齡化，活到90甚至100歲的人不在少數，老人族群的生活越來越被社會重視，大學研究所亦設有老人學的主修，自教育學、心理學、社會學、醫學、政治學、人類學及經濟學等觀點來研究老人的生理、心理及社會層面的需求、困難、適應，以訂定社會政策，落實方案來協助老人過一個健康、安定、快樂的晚年。

「樂齡協會」（American Association of Retired People, AARP）是美國一個龐大的老人組織，在全美各州都有分會，照顧各地的會員，不論在各種保險、旅遊、購物、用餐等方面都享有折扣，還出版《樂齡雜誌》及通訊給會員，內容有知識性的、健康的、娛樂的、理財的、趣味性的，及名人/明星的老年生活報導等，非常生活化、實用且具鼓勵性，尤其是登載的各項研究結果頗具權威性也有說服力。《樂齡雜誌》因為重視老人的福祉，研究範圍亦包括老人的性，茲將部分令人耳目一新的資訊分享如下：

65歲仍有性慾

65歲的美國人性慾仍強，然而思想與行動之間是有因果關

係的，老年人想要有性，但很多人卻不一定能獲得性愛。在一項由密西根大學與美國樂齡協會共同主導的健康調查中，65～80歲的美國人中有65%表示他們對性有興趣，即使這樣，65%的人表示他們的性生活並不活躍。這就意味著有25%超過65歲的民眾是有性慾卻缺乏實踐的。

因離婚或配偶過世當然是無奈，但有72%的人說他們是已婚或擁有美好的伴侶關係。密西根健康老化民測中心副主任索維女士（Erica Salway）評論，健康良好或特佳的人較能有活潑的性生活。「身體有病痛若能接受醫療就可以改善性健康」，但她又加了一句，「年長者大都處於長時間的關係中，而很多事情是會隨著時間而改變的。」

滿意自己的婚姻

芝加哥大學亦有一份調查顯示，60%超過65歲的民眾對與伴侶的結合感到「很快樂」，另有38%是「相當快樂」，這些數字與年輕的伴侶相較稍微高一些。

根據安德魯・凡・丹（Andrew Van Dam）在《華盛頓郵報》的一篇報導，約有25.5萬超過85歲的美國人在過去一年中仍在工作。2006年經濟蕭條前，此年齡層的人只有2.6%在工作，至該年已升至4.4%，為史上最高紀錄。另有一項研究現，70幾歲仍然快樂地生活在婚姻中的人，「身體健康」「生活滿意」的此例高於那些在婚姻中不快樂的人，他們也

問世間性為何物
性諮商大師的性學小語

著地表示較不孤單。

性生活仍然活躍

老人亦可分為三個年齡階段，65～74歲為青老、75～84歲為中老、85歲以上則為老老。一項大型調查結果顯示，在70幾歲的受訪者中，6位女性中有1位、將近3位男性中有1位仍有性生活，而4人中有1人至少每週享受1次性愛。

大部分男性可以完成任務

介於65～85歲間的男性約44%有過勃起功能障礙，這表示超過一半的男性沒有此問題，即使如此，他們還是必須花比從前稍長的時間來完事。持久而滿意的性生活的關鍵在於耐心、幽默感、醫療及藥物的協助。老人可能要花較長時間來激發勃起，有問題可尋求醫療協助，治療中常見但可處理的問題如勃起功能障礙或陰道不適等。

朋友交誼質重於量

70歲以上的成年人較稍為年輕的壯中年人不會感到那麼孤單，但並非因為他們有較多朋友。一項剛出爐的研究主張，回顧年長者一生的經驗，他們較懂得選擇交新的好友，並維持現存的關係，且在付出的同時也收到更多互動的美好。珍視友誼的年長者在60、70歲時更能保持快樂及健康。

孤單可以是殺手

同樣地，有25%的人感到孤寂疏離，這是一個警訊，告訴年長者要啟動社交網路模式，如去登記志工活動或與他人一起培養嗜好或興趣。美國樂齡協會與史丹福大學的一項聯合研究發現，美國的老人醫療保險每年要多花1608美元在每個「社交連結受限」的年長者身上。

盡可能不要獨居

最近幾年，65～84歲女性獨居的人口數下降到30%，這有一部分原因是男性的壽命延長了，且受訪者與配偶同住的女性數目、與家人同住的比例也都增加了。

70歲的加州柏克萊心理系教授勒文森醫師提出忠言：「在我的婚姻中，我致力於將一個嶄新關係的優勢──浪漫與持續50多年的關係（這其中包含深遠的陪伴之愛、友誼、尊重與支持）結合起來，就這樣生活直到生命盡頭，感覺會很好的。」

教育性的成人影片可助「性」

資深醫師及性治療師推薦年長者不妨觀賞正規成人影片，不僅可學習所聽所見，也可感受即時春藥，刺激性慾，提升興奮感，有些影片還會教導伴侶/夫妻克服常見的性問題，如勃起功能障礙、如何重新進入約會景象，且可以在性已經變得單調無趣或無所期盼時重燃激情。

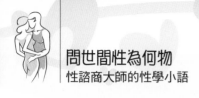
　　即使健康走下坡，體力不如從前，觀賞成人影片可刺激想像，如同感官興奮的前戲，也可試行新姿勢與口愛。伴侶/夫妻可以慢慢地、悠閒地帶著親密感進入性愛之外的各種親密性實驗，如超感官按摩、刺激的小遊戲等，都有助提升性滿意。

　　人都會老，越老越要活得正向、樂觀，也不忘給伴侶關係注入浪漫，則感情關係會進入新的佳境，性生活也能維持基本的滿意。另外，老年生活應維持中年時的活動水準，繼續參加社交活動，可幫助減緩身心功能的老化。

9 性慾沒有過期日

　　2008年11月17號《洛杉磯時報》健康版第一頁的一篇文章不僅標題「配對遊戲：活得久活得好」吸引了我，內容闡述有關老化與性的各種新研究及發現，令我目不轉睛地一口氣將它讀完，增長知識，獲益良多，乃決定將這篇生動有趣又富知識性的文章翻譯成中文，與從事性教育、性諮商或性治療的專業人員分享。該文主旨在強調人類的性慾不需跟隨年齡增長而消失，性慾可以幫助我們保持健康、思想正向。以下為翻譯全文：

　　我們毫無資格去批評在全球金融時代中翻滾的超級富豪巴菲特，但他對金融的知曉可能遠超過對性的知識。現年78歲身價620億美元的巴菲特，最近上報時曾說，「有很多錢真好，但你知道你並不想永遠把它擺在身邊，要不然就有點像是預存『性』以備老年之用。」巴菲特的擁護者可能不會同意此說法。

　　一項新的研究顯示，將近40%與巴菲特同齡，也就是75～85歲之間的美國男性性生活是活潑的，有超過半數的人每個月至少行房2次，另有25%的人每週均有性交（同年齡層女性只有17%性生活是活潑的，但她們也是同等的忙碌），這可能是

近日來較華爾街的交易更積極、正向的現象。

這幾十年來，醫學專業禮貌性地避開這些議題，例如養老院中的情慾及八旬老人的自慰等。有很多醫生，更不用提病人了，都假設在年華老去時性就會靜悄悄地跟著消失了，說真的，誰又會去想念它呢？

然而目前有關老化與性的研究逐漸引起人們的興趣（或許與1960年代年輕的性先驅者現在已經退休有關？），研究結果揭露令人驚訝的訊息：年齡本身並不會限制我們的床上表現，問題出在與年齡有關的其他因素——健康問題、醫藥副作用以及缺乏穩定的伴侶。

如果我們能在年紀漸長時設法保持開心、健康與社交聯繫，聽起來不容易做到，但並非不可能，則我們大可繼續享受性愛，只要我們仍有慾望——這完全要看個人的喜好，事實上有可能維持很長的時間。莫利博士（John Morley）是聖路易大學的老人醫學教授，他說，「我曾經轉介過年紀最大的老先生，是一位98歲的攝護腺肥大患者，他一直開心的有性行為直到101歲。事實上，我們的性慾並沒有過期日。」

我們身體失能的時間一直在往後延，30年前醫界認為60多歲是老人，這如今在老人性診所（geriatrics sex clinic）中覺得可笑。莫利博士說，「我的病人沒有70歲以下的，大多數是80～90歲。」這就要感謝現代醫學與營養學的進步。1990年時人類平均壽命為64歲，現在則是男性75歲、女性80歲。現今65歲

的人可預期再活20幾年或更多。我們當然想要在這些多出來的時光中擁有性，尤其是在有壓力的工作、哭鬧的小孩、擔心懷孕等性慾殺手因素消失之後。

但如果醫生要幫助我們維持良好的性功能，他們就必須知道我們在臥房內到底在做什麼，以及老化與疾病是如何改變此圖像。「一直到最近，我們對生育後的人們所做的研究實在太少了！」芝加哥大學社會學教授及性社會學研究員勞曼博士（Edward Laumann）如是說。

改變很快就發生了，2004年勞曼教授及其他接了全國社會生活健康與老化計劃的芝加哥大學研究員開始研究全美年長（57～85歲）成人的性生活。研究員走遍全美進行家訪，技巧性的詢問超過3千名男女一連串令人臉紅心跳的問題：性歷史、自慰實作、口交偏好、性傳染病等。參與者都經過仔細篩選，以求取在種族、年齡、性別及地點方面的平衡。研究員甚至為受訪者抽血，並將血液樣本送檢，以找出身體健康與心理健康之間的關聯。

這份資料將會是研究老年性的寶庫，也是未來幾年的趨勢。有兩項報告已在媒體刊出，分別是：2007年8月在《新英格蘭醫學期刊》（the New England Journal of Medicine）的總覽及9月份《性醫學期刊》（the Journal of Sexual Medicine）的性問題初始檢視。

以下為有關57～85歲人士性生活最新研究的一部分，分述

如下：

1.性活動：去年1年中約有69%的男性與40%的女性與伴侶從事某種形式的性活動（sexual activity）。即使年過75，比例並未急劇下降，39%的男性與17%的女性仍為性活躍。半數以上性活躍的男女每個月至少行房2次，此比例不會隨著年齡改變；而75～85歲性活躍的老年人有近25%表示每個月可以做愛4次或更多。

男女性缺乏性活動最常見的理由為何？男性主要是健康因素，其他還包括缺乏興趣及沒有遇到合適的人——那些沒有伴侶者提出的。

對近2/3的女性及九成的男性而言，性在生活中還是重要的。男性大約7人中有1人服藥或補充劑來幫助恢復性功能，但只有1%的女性這樣做（目前為止，尚無政府許可的醫生用藥為專注於女性的性功能）。

大多數人在大多數時候還是選擇陰道交，但口交亦很受歡迎。事實上，在75～85歲的老人中，超過1/4的男性與1/3的女性表示去年一年中有過口交經驗（75歲以下的男女比例均過半）。另外，大約50%的男性與25%的女性在去年有自慰行為，不管有沒有伴侶，這比例是相同的。

這些研究並未陳述有關替代的性實作（sexual practices），諸如春宮圖片的使用、肛門刺激、虐待/受虐待活動等。根據莫利博士的說法，老年醫學的醫師在自由開放的時代會持續不

斷地進行性治療的研究。他又說，雖然人們傾向於鍾情對他們有效的性實作，有時卻得勉強去適應新局面。因為當我們年老且失去長期伴侶而選擇新伴侶時可能會較多考量情緒因素，性相容的部分就不見得了，因此老年伴侶/夫妻發現他們在彌補雙方性喜好的鴻溝時顯得很掙扎。

2.性功能：當研究員控制了受試者的生理及心理健康變數，他們發現年齡並非造成性問題的真正來源，除了勃起強度以外。過了40歲，產生勃起問題的機率每10年約提升7%，到了75～85歲，超過40%的男性抱怨有嚴重的勃起問題。在女性方面，缺乏性興趣是普遍問題（45%），如同有高潮障礙一般（約35%），而這些問題不會因年齡增長而上升。更年期經常帶來潤滑問題（約20%～40%），這也不會因年齡增加而使風險提升。

有壓力的、憂鬱的或焦慮的女性較少有性興趣與性愉悅，也較多有高潮障礙；男性亦同（或者是有性問題的男女變得更有壓力、更憂鬱及更焦慮？研究無法說明），男性的憂鬱症亦與勃起問題息息相關，可能是由抗憂鬱劑的副作用而來。

老化對於性生活亦有正向影響：隨著年齡增長，女性較不會感覺性交疼痛，男性也較不會抱怨早洩。

3.諷刺：雖然男性較女性會將整體的性幸福建立在有個良好的性生活，但健康不佳導致性生活不活躍的男女比例為5：3。擁有一個固定而浪漫的伴侶強烈地決定了性生活的品質，

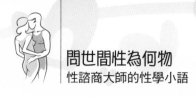

這對於女性的重要性超過男性。女性較不會在任何年紀為了尋求親密關係而進入結婚，且越老越不會，例如10位男性中有近8位有穩定伴侶，但10位女性中只有4位有伴侶，且男性傾向於找較年輕的女伴。

勞曼教授指出，老年男性的性被迫變成與女性有一點相似，因為他們不能再依靠其自動化的性操作，他們發現必須向伴侶要求更多，例如更多的合作、耐心及有技巧的刺激；同樣地，女性必須採取更傳統的男性約會方式，勞曼教授說，由於同年齡層中可交往的男性不多，想要有伴侶關係的女性被迫更為主動地向外尋找對象，並在日常生活圈外追求男人。

4.其他因素：即使只有一次感染性傳染病也會增加往後生活中性問題發生的機會。就女性而言，傳染性病而經歷性交疼痛及出現潤滑問題分別較一般人高出近4倍及近3倍；同樣地，男性也有5.5倍的機會發現性是不愉快的。

每天喝酒的女性較滴酒不沾的另一半有較高的性興趣或性愉悅（男性則無此種連結）。每天一小杯白蘭地是否會提高性滿意，或者較少性問題的女性較傾向喜歡自在地小酌，目前並不清楚。

曾與另一位男性有性交會（sexual encounter）的男性有5倍的機會可能會缺乏性興趣，與同性有性經驗的女性則無此傾向。低於1%的男性及女性說他們處於同性關係中，莫利博士說，我們的社會對於同性戀的接受度越來越高了，因此同性戀

的人數可能會持續增加。

　　這些結果顯示人們在性喜好方面有著巨大的可變性，莫利博士指出，「年老時有性並無不妥，但年老時無性亦無不妥。年老時我們不會變成不同的人，我們只是試著在做令我們快樂的事情。」

10 英國人的性態度

美國有個性教育師、性諮商師及性治療師學會（American Association of Sex Educators、Counselors and Therapists, AASECT），舉辦了無數性學研究和實務的研討會及工作坊，吸引了全國各地對性學有高度興趣的教育工作者、諮商心理師、臨床心理師及精神科醫師來參加及交流學習，獲得該學會認證的性教育師、性諮商師及性治療師就是金字招牌，申請工作時可以加分，也有不少人自己開設教育機構或診所服務民眾，好萊塢及比佛利山莊就有不少著名的性治療師大張旗鼓地開業，名聲響亮。

台灣的性諮商/性治療受美國影響極大

由於台灣的性諮商/性治療方面的教授、學者及實務工作者大部分是在美國求學受訓的，台灣在這方面的教學及研究也都參考美國文獻，所以大多數助人的專業者對美國性學研究與治療實務相當熟悉，歐洲的性學研究一方面比較保守，一方面也因甚少被介紹到台灣，因此資訊不多。

維多利亞時代的保守精神看起來好像不存在了，因為當今英國的性玩具產業是個每年高達2.5億英鎊的市場，但真的是

這樣嗎？雖然女孩早就不相信嬰兒是從媽媽的肚臍眼裡生出來的，然而英國人的性態度卻仍停留在拍照要用膠卷的時代。

人們對性著迷但又感到害怕，喜歡它卻是忐忑不安且充滿自我意識。這樣算是真正的解放嗎？英國於2013年發佈第三度全國性態度與生活方式調查（National Survey of Sexual Attitudes and Lifestyles, Natsal），共有1.5萬名16～74歲的受訪者，結果發現每10人就有4人最近有性問題，但每10人卻只有1人感到痛苦或擔心他們的性生活。附帶一提，在全國性的第二度調查中（1999～2001），居然沒有去訪談44歲以上的樣本對象。

〈格雷的五十道陰影（Fifty Shades of Grey）〉一片是2015年上映的美國情色愛情電影，根據E.L.詹姆絲的同名小說改編而成，上映後打破多國票房紀錄，全球票房累計5.71億美元，小說也在全球熱銷超過7千萬冊，並登上《紐約時報》等銷售排行榜，與此同時，原著也受到許多關於作品文學價值的質疑。

無論如何，這部作品成功揭露了女性的性慾望。事實就是這樣，即使是年過45、臉上開始有皺紋的女性，她們的激情其實不減於嫩臉吹彈欲破的年輕女孩，只是不好意思承認自己的情慾，而這部電影赤裸裸地道出女性性慾的潛力，或再次肯定女性與自己肉慾之間的羞慚關係。

維多利亞時代的人們對性很著迷

盧邁克（Mike Lousada），一位在倫敦執業的性心理治療師（Psychosexual therapist）及身體工作師（Bodyworker）指出，過去50年來英國人的「性」在進步也在退步，英國正在經歷新一波性革命（Sexual revolution），上一波是在1960、1970年代。現在的重點在於女性的性賦權（Female sexual empowerment），這一波的潮流使女性瞭解到她們有權成為有性之人，而不是去取悅男性，亦非去實踐一些「性感女人」（sexy women）的刻板印象，而是為了她們自己的愉悅。

英國艾希特（Exeter）大學歷史學家、也是《性革命前的性》（Sex Before the Sexual Revolution）一書的合著者費凱特教授（Kate Fisher）指出，1960年代許多人被告知性革命正在進行，但他們並未感覺身在其中，他們是在文化影響籠罩中形塑自己的性認同（Sexual identities），而那只是英國社會可以接受的性認同。

研究19世紀社會的現代學者們認為，維多利亞時代壓迫的想法實為20世紀學者所創造出來的，用以想像20世紀本身不同於上一世紀。維多利亞時代的人們其實絲毫未被壓抑，對性很著迷也很有興趣。然而，現代英國人以一種性文化來看待自己，不再是維多利亞時代的自己是很重要的，這就是他們如何定義自己已經解放了。而現代英國人在性方面真的解放了嗎？答案是否定的。

1972年康艾力克（Alex Comfort）出版了一本關於性的繪本《性的歡樂》（The Joy of Sex），在英美一時洛陽紙貴，但在愛爾蘭卻是禁書，直到1989年才得解禁。這本當年紐約的暢銷書一直到今天依然再版，在市場上仍占有一席之地，由此可見很多人都需要這種指南。今日英國文化乍看是高度性化的（hyper-sexualized），但當碰到討論性、慾望及愉悅的話題時，人們還是無法自在地面對。因此《性的歡樂》一書旨在提出並討論「修正在英美文化教養中人們所擁有的性信念，人們想要或有性的動機，哪些性慾人們可以自在地表達，哪些仍然無法被承認及接納，以及是什麼阻礙了他們的性實踐」。

1974年我在威斯康辛大學河瀑校區讀研究所，有一門課是「家庭生活與性教育」，課程教授Dr. Perrin還推薦此書。我也首次對於可登上學術殿堂的參考書《性的歡樂》大開眼界，解放了自己禁錮的思想。

團體治療可幫助案主消除對性慾的羞慚感

盧邁克的臨床性學家、性教練及性教育師證照是在美國加州取得的，他自創了性心理身心治療（Psychosexual Somatics Therapy, PST），使用了心理治療和身體工作的技巧來療癒案主在性方面的情緒創傷。盧邁克出生在英國和諧的中產階級家庭，性議題在家庭中是禁忌，只有在婚姻中才能有性。因此他經常告訴案主，「人們有關性的重大議題之一就是羞慚，他們

的想法是，我所想要的是跟別人不同，或者是不好的。所以我才要開性治療小團體，就是因為團體成員都有相似的故事，團體可以幫助他們正常化其性慾且消除那種羞慚感。」

來參加團體治療的大部分是女性，她們渴望有性、享受性，但有時顯得很掙扎。最新的英國性態度與生活方式調查發現，性行為中最大的一些改變是發生在女性身上。由倫敦大學學院（London University College, UCL）主導的研究發現，女性一生中伴侶的平均人數較1990～1991年的調查翻了兩倍，自3.7人升至7.7人。研究亦發現，年齡在16～44歲間的男女受試者，其性愛頻率在過去10年中降低至每月不到5次，女性平均4.8次，10年前是6.3次。

由此可見，英國本質上比美國保守，但抵擋不住世界趨勢，年輕人越來越開放，性可以成為話題與問題，而性學研究與性治療是社會學、科學，也是醫學，所以他們也轉而向美國取經，越來越多像盧邁克這樣的治療師在推廣性治療，謀求英國人民的性福祉。

性心理身心治療的先驅

盧邁克學成後一直擔任性心理身心治療師，發展生涯至今已25年，他是有證照的美國加州臨床性學家、性教練和性教育師，還擁有幾種按摩證照。他也是身心與整合性學家學會（the Association of Somatic & Integrative Sexologists, ASIS）前

主席，這是一個研究身心性學的專業團體。

他的心理治療影響來自許多不同學派，包括完形、身體心理治療、綜合心理學、生物能量、身心創傷治療工作、彼得・萊文（Peter Levine）身心體驗技術和性心理治療。盧邁克是性心理身心治療的先驅，這是一個新的性治療方法，整合他所有的專業訓練與經驗。這個學派傳承給實務工作者已有9年的時間，且在2016年獲得大學的認證，在研究所修過這門課且經過足夠的訓練，就可以在倫敦密德薩斯（Middlesex）大學獲得性心理身心治療證照。

盧邁克將性心理身心治療的成就獻給英國皇家醫學會（Royal Society of Medicine）國家健康服務部（the National Health Service）及性與關係治療師學院（the College of Sex & Relationship Therapists, COSRT）。他與妻子兼同事馬詹緹博士（Louise Mazanti）同為加州依薩冷學院（Esalen Institute）的教師。2016年初，盧邁克與他的團隊開了英國第一家性健康診所。

盧邁克也潛心學習許多靈性學派與療癒方法，包括冥想、譚崔、道家思想、佛教、薩滿教與能量療癒。他是個充滿能量，認真學習，熱誠助人的心理治療師，目前還在倫敦最熱鬧的科西嘉街（Corsica Street）上開業，疫情期間亦有許多線上問診或工作坊。

11 從性別平等論看商品訂價

女人愛美也愛採購，就因為賺女人的錢容易，各種迎合女性心理及其需要的商品便應運而生，如化妝品、保養品、首飾、衣物等，花樣百出且包裝精美，不論在百貨公司或傳統市場，女性商品總是佔大多數。但女性專用的產品或男女通用的產品，女性購買的價格較男性貴似乎普遍地存在著，當然偶爾也有男用比女用貴，例如手錶、皮鞋等。有些乾洗店的收費標準也是女貴於男，這些現象舉世皆然，且已開始被注意，因為這也是性別平等的一部分，女性的收入普遍較低，消費額又高於男性，相同商品居然還要付較高的價格，似有剝削女性之嫌。

性別不該成為商品標價的理由

美國加州參議會因為參議員針對此現象所提出的民生法案，一致通過禁止加州商家對本質基本相同的產品對兩性有不同的收費標準，也禁止服務業男女收費不同，例如乾洗店或按摩業。參議員們是以性別平等的觀點嚴肅地討論此議題，嚴正表示，「性別歧視可不是鬧著玩的，那是幾百年來伴隨婦女的冷酷觀點。」但通過之後有人開始打趣，他們說，如

果產品真的沒差，那就挑便宜的買就好了，即便那是給另一個性別使用的。

一本全國性的《樂齡協會雜誌》（AARP Magazine）某期中有一篇特別報導「99省錢大招」（99 Great Warp to Save），其中有一招就是「像男性般地採購」（Buy like a man），文中指出，有研究顯示42%的女性購買類似用品時較男性花費更多，例如女性的刮毛刀比男用貴11%，洗髮精/潤絲精貴48%，即便這些產品基本上是相同的，只是包裝不同而已。

是的，同廠牌的拋棄式刮鬍刀，一打藍色男用的標價7.99美元，粉紅色女用剃毛刀的價格卻是12.99美元；男用牛仔褲每條68美元，女用則為88美元；就連玩具亦有差別，紅色男童滑板車定價24.99美元，粉紅色女童滑板車則為49.99美元。

這項法案通過後，消費者可以針對相同產品的不同定價提出控告，但如人工、材料、稅率所造成的定價則不在此限。有人擔心這項法案的實施必將招來一些消費者扮演價格警察，開始胡亂提告，弄垮中小企業主，因此他們主張應該讓市場自然淘汰不合理定價。

美國人口普查局的數據顯示，做同樣的工作，男性賺1元、女性只收入79分，而華府組織「全國婦女法律中心」的調查發現，母親與父親的收入差距更大，當父親賺1元時母親只有73分的收入，而在以農業為主的幾個州，父母間的收入差距更大，分別是1元及53分，且這些婦女多是負擔家計的人。

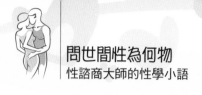

同工不同酬、性別不平等的制度與現象存在社會中由來已久，而在生活中女性必須購買的日常用品也的確較男性多，怪不得婦女人權團體疾呼，「身為女人或成為母親，不應使她的收入減少」。

性平觀念最終在追求個人平等

很多人對性平觀念還停留在粗淺層面，性別平等絕不是「兩性平等」、「男人能做的女人也能做」或「男人有的女人也要有」，而是自宏觀及微觀方面真正顧及性別的需求與尊重，尋求社會上的個人平等。

因此加州議會議員根據性平觀念及對女性福祉的關心提出另一民生法案。由於加州婦女每年為她們的專用物品——衛生棉、衛生棉條付購物稅超過2千萬美元，有一位女性眾議員賈西亞（Christa Garcia）提出免除這些產品的州與地方銷售稅，她指出電影票及巧克力糖在加州都不課稅，難道看電影與吃糖比女性健康重要？此言一出，在場男女議員均認同不應該讓不得不購買這些產品的女性負擔不公平的稅金，沒有人敢投反對票，此法案最終以68：0全場一致通過。

截至2016年8月，美國已有5州不徵收女性衛生用品銷售稅，至少還有6州正在考慮類似的立法。至於國際間，加拿大已在2015年決定取消月經用品稅，2016年3月歐盟允許英國和其他會員國有相同做法。

12 擁抱月經的力量

　　性教育在台灣的實施雖然已經很上軌道，不過還是生理層面大於心理層面，以女性的月經來說，有些老師會用刻版的方式來上課與考試，卻很少去關切男學生對月經的好奇與迷思，以及女學生對月經的心路歷程及感受。當然不只是有些老師如此，家長亦然，自己仍無法面對月經，總覺得女性很委屈很無奈，每個月都要忍受月經之苦，也只能如法炮製的將感覺傳給下一代，因此女孩自有月經開始就覺得月經是一個成長的秘密，要小心維護每月「大使」（不是天使），且要偷偷摸摸地進行，尤其是家裡有父兄及弟弟的女孩。

　　古代視月經為不潔，《聖經》上有記載，中國歷史亦然，女子月經來潮是不能上廟堂禮佛的，好像生病一樣，亦不能行房。但現在不同了，視月經是女性生理的一部分，不是病，日常生活不該受限制，因此月經用品的誕生造福了許多女性，可以騎馬、做各種運動，尤其使用衛生棉條甚至可以下水游泳。

　　大賣場或百貨公司的嬰兒尿片、成人紙尿褲和月經用品，各種品牌琳瑯滿目，但售價都不低，一方面原料不便宜，一方面也是看準了需要的人非買不可。嬰兒、老人和病人使用拋棄式尿片都是短時期的，只有女性衛生用品需持續30〜40年，這

是一筆多大的花費啊！

女性主義興起已數十年，近年來性別及性研究學者開始研究女性的性健康與性功能，月經衛生則是性健康的一部分，它不只是一個名詞或一個生活動態，而是關切女性在月經前、中、後的心理及生理健康。學者們推翻一般人對月經的負面看法，尤其是女性自己，不但要重新認識，也要接受它、擁抱它、與它共存，自身要過得好，獨善其身而後善眾女。

麻州波士頓大學性別與性研究副教授柏貝兒（Chris Bobel）大聲疾呼，她要女性重新框架她們看待月經的方式，且要了解它們與整體健康的連結。她認為女性不論其性別認同或月經狀態，與自己的家庭醫師討論性器官、性與生殖健康是很重要的事。

一些健康專家指出，月經週期是「第五個生命徵象」（the fifth vital sign），前四項依序為心跳、流汗、溫度和血壓。因為月經健康是整體健康的要件，因此要家庭醫生多注意女性月經週期如何運作，且在她同意使用某種避孕方式時一定要問醫生一些問題，如短期與長期的可能副作用，方便與安全則是首要顧慮。

女性要學習認識自己的身體，了解生殖能力與月經，將月經週期以表格列出，或使用App來獲知自己的生理節奏，且要持續地做，因為月經週期會隨著年齡改變。柏貝兒教授向女性疾呼，考慮用可重複使用的衛生棉、杯子及有吸收性的

內褲，它們更能幫助了解自己的月經流量，且對地球也比較友善。

柏貝兒教授的觀點非常正向，當女性在抗拒無可避免的月經之羞慚、沉默或躲躲閃閃時，我們看到了我們的身體是力量、愉悅和潛能之所，而非是以購買物品來修正的一個問題或困難。坦誠談論不僅可將月經正常化，也能啟動自己去做有關身體各種體驗的聰明及有自信的決策，如做愛、生產、餵母奶、醫療等。拒絕身體羞慚對很多女性而言是一個有意義的行動，該是摘下月經污名的時候了。

什麼是月經貧窮？

你有聽過「月經貧窮」（period poverty）這個名詞嗎？其原因在於缺乏資源。真的很難相信，月經衛生（period hygiene）管道的缺乏在美國是存在的，且一直持續著；去年在美國，25%的女性由於缺乏收入幾乎買不起經期產品。從現實面來看，月經棉條、衛生棉和月經杯是相當貴的，且因為它們被視為奢侈品而需課銷售稅（美國有36州課稅）。這樣對女性公平嗎？

所以許多性別研究或性研究者就開始討論這個議題。月經被污名一直使這個話題變成禁忌，長久以來人們無法產生有意義的談話。現在是女性自己從事有關月經衛生權的對話及提升月經運動工作的時候了，為可負擔的月經用品而奮鬥，及為破

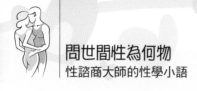

除有關月經污名而努力。

什麼是月經運動？

　　這個運動捍衛一個信念，那就是「發覺並維護一個人與生俱來的生理機能是基本人權」，儘管它本來就是個自然需求。當無家可歸或低收入女性沒有管道可以得到適當的月經照護，她們被迫使用替代品——通常是不符合衛生的解決辦法，就像廁所的衛生紙、襪子、超市牛皮紙袋，甚至紙箱厚紙板等。月經產品應該被視為女性必需品，學校、工作場所、庇護所、監獄及公共廁所等地方都應該提供。

　　一個才20歲的哈佛大三學生岡本納佳（Nadya Okamoto），她是《月經力量》（Period Power）一書的作者，還是「月經」（PERIOD）這個機構的創辦人與執行長，在她的帶領下，這個由年輕人組成的非營利組織，經由服務、教育和政策，提供並擁護月經衛生人權。她們為婦女做了很多事，分配月經產品給那些無力購買的人，且號召全球的學生領袖共同來做這些事。自2014年12月創辦以來，她們已經提供28萬份產品，並在全美大學、高中及海外有200個校區分會，她們稱此為「月經運動」，不只是服務而已，同時也是社會及觀念的改變。

在全世界推動「月經公平」

　　「PERIOD」組織的理念是提出並討論月經衛生，他們稱

這是全球性發展的一個關鍵，能逐漸接近性別平等。假如妳一生下來就是女生，妳一生中幾乎有40年每個月來月經。這個運動還有很長的路要走，需要更多人（不論有沒有月經）來討論它，同時也要提出「月經公平」（menstrual equity）的概念。

除了在美國推動此運動外，月經是許多開發中國家女孩無法上學的頭號原因，這些女孩們經常輟學、提早結婚，然後忍受女性性器官被摧殘和被社會孤立等，這些都需要改變，而我們可以從小的行動開始，喚醒覺察、收集和捐贈月經用品，並且藉由月經公平的立法來改變社會，這就是所謂的月經運動。

岡本納佳選擇休學並專注於推行月經運動，四處演講，此運動成為Z世代的力量及行動主義，且得到很多人的關注，她樂見月經運動已經喚醒了許多女性。兩年前加州女議員就指責女性用品（即使是同類產品）的售價比男性用品高，如內褲或刮鬍（毛）刀等，而月經相關用品不僅昂貴還要課銷售稅，這對女性是種懲罰。她們指出電影院販賣的爆米花、可樂其實才是奢侈品、非必需品，卻不課稅，這是非常不公平的。

印度也在醞釀降低月經相關用品的售價，政府也同意這些產品不應課徵奢侈稅。希望這股力量可以擴散到全世界，不論政府或民間，大家都可以以公平的政策來扶助弱勢貧窮婦女，並尊重所有的女性，朝向真正性別平等的大同世界邁進。

13 介紹跨性別認同的期刊

　　Routledge出版社隸屬於Taylor & Francis集團，是人文社會科學領域領先全球的學術出版商，每年出版數以千計的書籍及期刊，服務世界各地的學者、教師及專業社群。它們出書的主題包括社會科學、人文及建設環境方面的創新教科書及有深度的同儕審查之研究，且與許多最具影響力的學會及學術團體合作，出版他們的期刊和書籍系列，讀者可上網瀏覽數以萬計的文章及電子書。

　　有兩本重視LGBT（女同性戀（Lesbian）、男同性戀（Gay）、雙性戀（Bisexual）、跨性別（Transgender）的英文首字縮寫）人權及心理衛生的期刊即是由Routledge和男/女同性戀精神科醫師協會（the Association of Gay & Lesbian Psychiatrists, AGLP）合作發行，該協會由一群精神科醫師組成，他們教育、重視且贊成LGBT者的心理衛生議題，結合美國雙性戀研究院（American Institute of Bisexuality）的力量，一個慈善、非營利機構，其成員鼓勵、支持並經由計畫/方案來協助有關雙性戀的研究及教育，以期能強化公眾對雙性戀的知識及覺察。該出版社於21世紀初合作出版的兩本LGBT期刊，茲分別介紹如下：

1.男/女同性戀心理衛生期刊
（Journal of Gay & Lesbian Mental Health）

　　集各學科大成的豐富資源，提供給從事諮商/治療LGBT病人與其家屬的心理衛生專業人員使用。這本由同儕審查的科學期刊，囊括原創研究文章、個案報告、文獻評論，也有對LGBT個人創新服務的報導、方案與書籍評論及個人第一手的現身說法。該期刊的主題廣而多，諸如LGBT的心理治療議題、心理衛生議題、藥物濫用與自殺、多樣化的LGBT社群，及LGBT少數族群的需求等。

　　該期刊亦討論LGBT個人生命週期及對其心理衛生的影響，諸如青春期、為人父母、中年期及老化的議題，詳細探討針對此族群的創新心理衛生服務；亦對影響LGBT心理衛生的醫療議題做深入檢討，如HIV。該期刊提供LGBT研究者一個獨特的管道去收集、發展及探討該領域的知識。

2.雙性戀期刊（Journal of Bisexuality）

　　為第一本包含雙性戀及其對個人、社群、社會報導和學術論文的專業季刊，該期刊涵蓋了雙性戀的廣泛主題，包括最新的雙性戀研究、治療中的雙性戀議題、異性戀與男/女同性戀族群之差異、雙性戀運動之成長、雙性戀歷史和不同的雙性戀生活方式等等。

　　這本知識性期刊不只是為了專業讀者而出，所有文章均

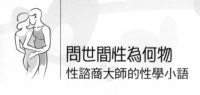
需經過同儕審查才能刊出，其他內容包含大眾化和非學術風格的雙性戀主題，也有書評和影評，包括不同時代雙性戀的主要角色，文章角度經常有不同學科或多重學科觀點。這份期刊適合學術性或公共圖書館，提供讀者有關雙性戀主題的最新研究。

　　這兩份期刊的售價都不便宜，且依身份類別有不同收費，訂閱一年四期的價格如下：

	男/女同性戀心理衛生期刊	雙性戀期刊
學校或機構紙本及線上訂閱	US$374	US$307
學校或機構僅線上訂閱	US$292	US$255
個人紙本及線上訂閱	US$95	US$92
相關學會會員訂閱	US$65	US$65

相關學會指：

　　1.美國心理學會44分會（APA Division 44），亦即女同性戀、男同性戀、雙性戀和跨性別者議題心理學研究會（Society for the Psychological Study of Lesbian、Gay、Bisexual and Transgender Issues）

　　2.美國性教育師、性諮商師及性治療師協會（American Association of Sexuality Educators、Counselors and Therapists, AASECT）

3.性科學研究會（Society for the Scientific Study of Sexuality, SSSS）

4.男/女同性戀心理學議題（Gay & Lesbian Issues in Psychology, GLIP）

有興趣的讀者可上網免費瀏覽樣書：www.tandf.co.uk/journals/WGLM或www.tandf.co.uk/journals/WJBI，當然也歡迎投稿，請至以上網站了解投稿須知。若想獲得免費樣品期刊，可寫電子郵件至：customerservicetaylorandfrancis.com。

樣本期刊內容如下：

• 跨性別案主：辨識和降低心理衛生治療的障礙

• 面對有敵意的職場氛圍如何對男/女同性戀和雙性戀個體加以保護

• 檢視有風險的HIV/AIDS男性代表樣本中其性導向成分之落差

• 為人父母之旅程

• 變性人性別認同疾患與DSM

• 女同性戀者家庭醫師之界線

• 女同性戀者的成癮與慢性疼痛

• LGBT中的B是怎樣：雙性戀女性心理衛生議題之探討

• 金賽與超越金賽：男性雙性戀研究的過去、現在及未來

• 金賽與雙性戀人權個案探討

• 金賽和雙性戀真實性的政治

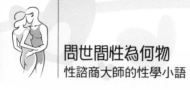
- 金賽、雙性戀與抗二元論個案
- 金賽影片及其至雙性戀接納的崎嶇路
- 性的科學：T.C. Boyle、金賽博士以及事實與虛構之間的界線
- 青少年期跨性別認同的形成
- 跨性別孩童：前青春期呈現的臨床與倫理議題

再說一下AGLP——美國男/女同性戀精神科醫師協會，他們廣招會員，若加入會員訂閱期刊可打折，亦可免費收到會員通訊，還有機會參加年度大會及一系列的研討會、深入課程，並可參加美國精神醫學會（APA）的討論團體，同時可培養線上及電話晤談能力。協會舉辦的訓練課程及實習均為導師制帶領，外界欲找人才亦可至該會詢問，可協助推薦適當人選。

年度會員會費如下：

一般/準會員	US$285
醫學院學生	US$0
住院醫師	US$60
助理	US$100
國際醫師	US$125
剛執業者	US$125
相關專業退休人員	US$100

14 棗子的羅曼史與性生活

棕櫚泉市（Palm Springs）是美國加州洛杉磯往東約200英哩的一個渡假勝地，是附近沙漠區中第一個綠洲城市，再往東繼續發展了9個沙漠城市，小巧而有特色，其中印地歐市（Indio）市容整齊，麻雀雖小五臟俱全，且因發展旅遊觀光業而有高級旅館及標準高爾夫球場，吸引很多歐美人士來此渡假，但它最與眾不同的是有一個自1924年開業迄今的棗菓花園（Shields Date Garden），一個佔地17英畝的農場，前面是商店和餐廳，後面本是一大片果實纍纍的棗樹林，遊客可以穿梭其中，任意撿取已成熟掉在地上清甜可口的棗子，可惜近年大多棗樹被砍掉，只留下幾十株，成為改建花園中的景觀，園中有許多植有花卉的小徑、主題雕像，遊客徜徉其中。

店內陳列各色商品，當然以棗乾為主，有十幾種品種，形狀、質地、顏色及口感均不相同，最吸引人的就是十幾盒擺著註明各種名稱大方放送的試吃棗乾，顧客以牙籤戳起一顆一顆完整的棗乾送入口中，濃郁香甜而不膩，還有著特別的棗香，頗有嚼勁。一邊品嘗美味一邊認識眾多種類的棗果，十幾粒吃下肚就飽了，經常忘記哪種口味是來自哪種棗子了。

商店裡銷售如棗砂糖、T-shirt及遮陽帽等紀念品，最令人

驚奇的是商區一角居然有一間小放映室，門口掛著「棗子的羅曼史與性生活」（Romance and Sex Life of the Date）的牌子，每個人都忍不住進去探個究竟，然後都帶著笑容走出來。

原來棗樹是很難種植的植物，棗果花園為了要讓民眾認識棗乾的來源，製作了一段15分鐘的影片，美其名為〈棗子的羅曼史與性生活〉，主要是介紹雌雄不同株的棗樹如何生出棗果，呈現加州這個昂貴農業趣味又有知識性的一面。

故事由種下棗核（種子）開始。每種一粒棗核，新品種的棗子就長出來，如同每個小孩誕生，世界就多了一個不一樣的人。大自然從未複製過一個人，也從未重複生長一樣的棗子，而欲使某一品種長久存在的唯一方法就是繁殖其分枝。一棵棗樹在生長的頭10～15年內，在靠近根部處會長出5～25條分支或邊根，就像人類一樣，它們在年幼時亦有自己的家人，長大後就自己搬出去住。

棗樹到底有沒有性生活呢？這是一種奇特的家務事（Family Affair）。棗爸（公棗樹）及棗媽（母棗樹）各自生出同性別的棗孩（分枝），而這些棗孩與其祖先們是相同的，亦即雌株永遠是雌株、雄株永遠是雄株。分枝長成後，3～5年內就自公樹或母樹體被移開，因為這些分支已長出根，開始生出第二代分枝，也就是棗孫了。這些二代分枝通常在晚春或初夏被移植，不論雌株或雄株都以此繁殖，可以繁衍樹的後代，卻還不能生出棗子，它們的種植與生長是有學問的。

棗樹的種植必須有規劃，每1英畝地上每48株母棗樹配1株公棗樹，而樹與樹的間隔為30平方英呎，每株公棗樹可產生足夠的花粉供49株母棗樹授粉，每株雌性分枝被種植之後需要5年才能有初次收成，約30～40磅的棗子，等到種植10～15年後才能有正常的收成量，每株母棗樹依品種不同，每年約可產出150～300磅的棗子。

棗樹有個有趣的特徵，就是它們在繁殖方面並未蒙受大自然的照顧，必須經由人工授粉，母棗樹上的纍纍結實均是由工人將公棗樹的花粉均勻撒上受孕後生長出來的。從性的觀點來看，公棗樹的威力真的很強大，一株雄棗樹的花粉居然可以澤被49株雌棗樹，乃是大自然的奧妙，但它們本身並無生殖能力，得靠人類來幫忙授粉才能傳宗接代，光靠蜜蜂蝴蝶是無法「受孕」的。

其他如剪葉修枝、灌溉、維護、收成及製造等均非常繁雜，耗時費力，棗乾得來不易，但人力勝天，讓它成為加州得天獨厚的精緻農業，怪不得它的價錢一直居高不下，還因為它是天然健康的食物，含有纖維、維他命B_6、鈣、鐵、銅、鎂、磷、泛酸及高濃度的鉀，雖有天然糖分，但吃了不會胖又有飽足感，人人喜愛。

嚴格說來，棗樹既無羅曼史亦無性生活，倒像是男女授受不親，要靠人類牽線才能結合。真贗棗果花園想出這樣的噱頭，讓民眾認識棗樹林、棗子及棗乾，相當有趣。

第二篇

性治療/
性教育大師

15 從性專家到世界和平使者
——柯莉安斯基博士

柯莉安斯基博士

美國有線／無線電視影音媒體的性愛感情婚姻節目中，曝光率最高且歷史悠久的主持人要算柯莉安斯基博士（Judith Kuriansky），她在哥倫比亞大學教授臨床心理學及伴侶諮商與關係治療，柯女士絕不是普通的教授，她是國際知名的臨床心理學家、有證照的性治療師，還是國際應用心理學會及世界心理學會在聯合國的主要NGO代表。

上節目、寫專欄並出版書籍，使得柯莉安斯基家喻戶曉，在她的眾多專業頭銜中媒體最喜歡用「性治療師」（sex therapist）或「性專家」（sexpert）來介紹她，她也絲毫不介意，理由有二：

1.她很開心曾在1970年代初性治療領域剛被認同時就成為發言人之一。

2.由於心理學與社會及大眾息息相關，媒體會訪問她各式各樣的話題，例如美國以外地區的人權與政治局勢。柯博士

認為，「反正性與政治兩者相差不遠！」

她強調個人內心的和平與人際間的和平是有相關的，當然與不同文化之間的和平亦相關，因此一位優秀的外交使節與談判者，他們做的事其實與做伴侶間衝突的調停是相同的。

將複雜的科學資訊生動地傳達給觀眾

柯博士在1976年進軍媒體，當時她剛拿到臨床心理學博士學位，也發表了一篇論文，有關上架成藥的廣告違反國家廣播廣告條例，引起當地新聞台WABC的注意，邀請她上節目說明她的研究發現。

上完節目，製作人稱讚她很厲害，居然能將複雜的科學資訊條理且生動地傳達給觀眾，從此開啟了她的電視報導生涯。她在紐約的WABC、之後的WCBS和WNBC等電視台工作了好幾年，主要是在夜間新聞中報導有關憂鬱症的最新治療或伴侶治療進展。

1980年她應邀開設了一個廣播節目「柯莉安斯基博士」（Dr. Judith Kuriansky Program），一週5天，每天3小時在WABC電台播出，所談的心理話題範圍廣大，不限於性與愛。

1992年當她被禮聘加入2100 FM電台時，她的話題焦點縮小了。因為是紐約市剛起步的廣播電台，對象是較年輕的聽眾，新節目名稱為「愛情來電」（Love Phones），整整做了6年，專注於性與人際關係（sexuality and relationship），且為

全國聯播，她欣見性資訊因此而被廣為關注。

在伴侶關係及性想法的形塑具高度影響力

在柯博士的廣播生涯中，她注意到絕大多數聽眾都有同樣的問題，單身者想知道去哪兒找對象，伴侶/夫妻想知道如何維持活潑的關係，這兩大類別反映出全球化、不分地區、不分種族及世代的重要需求，每個人都有同樣的關注、想法與動機。柯博士在節目中的長久耕耘使她與聽眾建立了投契關係，大家喜歡她也信任她，她很自信地說，「即使在聽眾叩應之前，我每晚上節目的聲音就已經令他們感到舒服、自在。」

性愛問題的解答令聽眾安心、自在，但節目中也不是沒有人叩應說要自殺或正在被家暴的，她必須在短暫時間隔空處理危機事件，總是化險為夷，件件成功。

威爾遜先生（Neil Walsh）本是柯博士的長期聽眾，他每晚必聽節目，並在次日與同僚於午餐時刻分享與討論。他認為柯博士的電台節目對美國東北部地區年輕世代，在親密關係、伴侶關係及性方面的想法之形塑非常具有影響力。他的朋友們也常說柯博士拯救無數眾生，「愛情來電」就是大家的性教育節目。

威爾遜的個人生活及專業生涯均受柯博士感召，他進了紐約市一家歷史悠久的名校念心理學（the New School for Social

Research in Psychology），獲得心理學及藥物濫用諮商碩士學位，正計畫繼續攻讀博士學位，他目前住在東京，擔任日本平等尊嚴協會（Japan of Equal Dignity）執行長，這是一個自心理、經濟、政治及其他觀點來審視日本人尊嚴與屈辱觀念的一個組織。

威爾遜先生感謝柯博士使他對心理學有正面的形象，也因此影響了他的生涯選擇，且不斷地在影響他。威爾遜先生協助柯博士在聯合國的工作，他倆還合寫了一本書中的一篇文章，是有關以色列與巴勒斯坦衝突中的屈辱與尊嚴。

柯博士說她自己也不知道為何會在媒體走紅，她很樂於給人們知識及引導，她也經由美國心理學會的附屬電台替想要上媒體發揮所學的心理學家們上課，教導他們在發言時如何做到口齒清晰及如何將複雜的人文科學深入淺出地表達出來。她強調這需要熟能生巧，是急不得的，當然也得了解箇中的錯綜複雜，道出科學所要表達的中心思想，且不要害怕該說些什麼。

她表示，要培養台風與說話技巧不妨先自報紙及電視的採訪及露臉開始，要以專家自居，自心理學角度來討論事情。若想要主動些，可以投書發表看法或寫好意見稿給記者。當然也可以自己開部落格，重要的是將自己的名聲打響，讓大家在各種媒體上能看見你的表現。

使大眾更多地了解與運用心理學

　　媒體報導從來不是完美的，許多訊息經常被扭曲，柯博士也經常蒙受其害，前紐約州州長史賓塞經常嫖妓的故事被爆料時，CNN在電話中訪問柯博士的意見，她自關係動力（relationship dynamics）的不同方面來討論，說了許多，但報導出來的只有幾句話，「很顯然，男人都以使用此種服務來貢獻社會，但不論從何種角色來談，包括一個心理學家的身分，我真的很氣惱女性出賣她們的肉體。」

　　次日數十通電話及電子郵件都在罵她，指責她將整件事推到女性身上，卸下了史賓塞的責任。天曉得，柯博士根本就沒說過這樣沒內容、缺乏上下文的話。儘管有此種挫折，她還是主張心理學家一定要盡量出現在媒體上，當心理學的招牌響亮，新聞報導才有益處。她感謝那些肯出聲的心理學家們，大眾對心理學的了解才得以增進，媒體也會在許多相關故事中加上心理學，許多談論經濟的節目中也經常使用「心理學」的字眼。

　　柯博士是女中豪傑，她就像心理學大師卡爾・羅傑士（Carl Rogers）一樣關切社會與世界，心理學/諮商優而致力於國際事務及世界和平。她組織了一個委員會，處理中東衝突議題，並為中東和平聯盟（the Alliance for Middle East Peace）做事，幫他們遊說籌款。她也是非政府組織年會中心理學相關場次的共同主持人及共同負責人，去年她討論到氣候改變中的

心理學地位，今年則是人權議題。

　　柯博士在聯合國工作的同仁丹瑪克博士（Florence Denmark），現任紐約市佩斯大學心理學教授，亦為美國心理學會前任會長，她非常推崇柯博士隨時隨地伸援，以及樂意提供訊息給需要的人。「她腳踏實地，注意正在發生的事，立刻寫出來。學術工作和學術期刊固然重要，但這些事是隱藏性的，無法真正幫助到人們。」這是丹瑪克博士的評語。

　　最近柯博士參與全世界的救災工作，包括提供心理服務給紐奧良卡翠納颶風、印度海嘯受災者及中國SARS的受害人。今年夏天柯博士在哥倫比亞大學教師學院及該校內科與外科學院教授諮商心理學，她已經在紐約市創辦了好幾家家庭與行為治療訓練中心及診所，她還有一家私人的家庭治療診所，實務工作不間斷。

　　柯博士是諮商/治療實務大師，從年輕到老始終精力旺盛，關心人類、熱心社會事務，才能始終屹立在世界的中心，創造生命的意義，享受精彩的人生。

16 性歷史學家布樓文

布樓文（Vern Bullough）是當
代美國性學史學者，本來只是在
性學歷史的領域中默默耕耘，追
求自己感興趣的學問，雖著作等
身，但知道他的人並不多。畢竟
從事性學歷史研究並不若性學實驗
的研究來得引人注意。布樓文於2006

布樓文

年6月21日以77歲高齡逝世於加州自宅，《洛杉磯時報》當天
在名人訃聞中加以大幅報導，這才喚起了人們對他的注意及
尊敬。

簡直就是一部性學百科全書

當布樓文被問及是什麼原因驅使他在50年前投入性學史
的研究？他語帶嘲諷的說，「都拜我岳母所賜」，當時他的
女朋友，也就是後來的妻子，她的母親在離家出走後與另一
個女人同居，並展開深度感情關係。這在1940年代猶他州鹽
湖城可是一樁天大的醜聞。

當時尚是青少年的布樓文，見到女友的母親及其同居女

友時頓時瞠目結舌，但他很快就恢復了鎮定，並開始對此求知探索。他問了兩個女人許多關於同性戀的問題，也翻遍他找得到的幾本探尋這類主題的書，還去認識他們的女同志和男同志朋友。

因罹癌而病逝的布樓文，因為好奇心讓他投入性學研究，並造就他成為性學著作等身的學者，由他主筆、與人合著和主編的書就有近50本，主題從娼妓制度到變性，無所不包。

「我們喪失了一位在我們領域中最舉足輕重的性史學家。」伊利寇曼（Eli Coleman）如此哀歎著，他是前任性學科學研究協會（the Society for the Scientific Study of Sexuality）理事長，也主導明尼蘇達大學醫學院的人類性學學程。「當今很難再找到一位像他這樣的人了，」寇曼說，「布老是涉獵過所有性學領域的人，且不是浮光掠影，而是深入其中。」

他簡直就是一部性學百科全書，他與已故知名護理教育家及社會學家的妻子邦妮（Bonnie）合著的《美國性學：百科全書》（American Sexuality：And Encyclopedia, 1994），為性學領域中公認的參考書鉅著，他的其他重要著作還包括：《社會的性變異與歷史》（Sexual Variance in Society and History）、《同性戀的歷史》（Homosexuality：A History, 1979）、《變裝、性及性別》（Cross-Dressing、Sex and Gender）等，該書也成為性別研究課程的教科書。另外，他有關同性戀的著作更是被讚揚為開創並襄助男/女同性戀歷史的研究主流。

布樓文也是提倡人權的開路先鋒，在1960年代早期，他說服南加州美國公民自由聯盟（American Civil Liberties Union of Southern California）捍衛男女同性戀者的權益，並使該工會成為美國第一個分會；他也是促使整個ACLU政策聚焦於歧視男女同志問題的推手。「他帶領大家往前走。」南加州ACLU執行長瑞普斯頓（Ramona Ripston）如此推崇布樓文。

布樓文在ACLU公會理事會任職多年，表現溫和，有學者風範，且沉穩低調，隨後在該工會被推展至主導強勢硬戰前線時他升為理事長，其中的硬戰包括廢除洛杉磯私立學校對同性戀及不同種族學生採取隔離的措施。

帶動有關男/女同志議題的學術研究

他出生鹽湖城，在摩門教會長大，不過青少年時就離開了摩門教會，主要原因是他與同為摩門教徒的高中戀人邦妮，兩人都認為教會歧視黑人。他們於1947年結婚，當他遇到邦妮的母親與她的同志伴侶時讓他印象非常深刻。布樓文在1997年出版的《我如何進入性學領域》（How I got into Sex）一書中披露，「我和我的太太都非常著迷於同性戀與女同志關係的主題」。

布樓文後來在猶他大學求學，1951年獲得學士學位，隨後又轉往芝加哥大學深造，取得碩士及博士學位。他想研究同性戀問題，但他知道那是個禁忌話題。因此他轉而研究其

發展史，進而成為中世紀思想史專家，鑽研中世紀醫學教育發展，並發表專題論文；1954年他任教於俄亥俄青年城大學（Youngstown University）；1959年他搬到洛杉磯，在加州州立大學北脊分校（Cal State Northridge）教授歷史。在撰寫過幾篇有關醫學和護理早期歷史的文章及出版過幾本書之後，他越來越有信心，於是將學術研究的方向轉到娼妓問題上，並在1964年出版了《賣淫的歷史》（History of Prostitution）。此時，他已正式成為一個性學研究者。

隨後的40年他寫了無數書籍，涵蓋範圍甚廣，包括節育、春宮及性歷史等。1976年他與雷各（Don Legg）等人合著《同性戀書誌學》（An Annotated Bibliography of Homosexuality），該書列舉全球有關此主題的1.3萬篇作品。加州州立大學北脊分校退休的心理學教授及性別研究者理查博士（Dr. Richard）說，該書被普遍公認為是針對同性戀者深入研究的第一本書。他也說，此劃時代的著作鼓舞了有關男/女同志議題嚴肅的學術研究。同年，布樓文出版了《社會的性變異與歷史》，他認為這是他最重要的作品，他仔細檢視了從史前時期到第10世紀，包括在中國、印度及回教世界的性實務。

《臥房內的科學》（Science in the Bedroom，1994）一書就是布樓文調查了性研究歷史寫成的，包括婚姻手冊資料、性治療、兒童性心理、性態度及自由戀愛理論家對節育的影響。該書特別強調了男/女同性戀者的貢獻，諸如19世紀德國

研究學者烏爾利克斯（Karl Heinrich Ulrichs）就審視同性吸引力，他被認為是史上第一位男同性戀行動主義者，另外是史丹佛大學的莫雪（Clelia Mosher），她則是在1900年代早期訪談婦女有關她們的性慾及實務。

支持男同志有服役的權利

布樓文與妻子邦妮共合著了24本書，其中於1973年出版的《附屬的性》談論有關人們看待女性的態度之歷史，邦妮於1996年過世，享年49歲。

在加州州立大學校園，布樓文是性學研究中心（the Center for Sex Research）創始主任，他發起有關娼妓制度及性別議題的國際性會議，同時也成立「文與邦妮性與性別珍藏館」（the Vern and Bonnie Bullough Collection on Sex and Gender），該館設於校園內的圖書館中，其中包含了數以百計稀有或非比尋常的資料，包括一套幾乎完整、名為《變裝者》（Transvestia）的異性變裝者前衛雜誌，一位洛杉磯男同性戀歷史學家提摩許（Stuart Timmonsh）說「這是無價的收藏」。

布樓文於1980年離開加大，搬去紐約州立大學水牛城校區，任職自然與社會學學院院長多年，1993年退休，次年他到南加大擔任教授，直到2003年。

經由他在ACLU倡導男同志之人權，他認識了許多男同性戀權益運動的先驅者，包括何伊（Harry Hay）、凱普納（Jim

Kepner），及史萊特（Don Slaater）。他與異性戀變裝癖運動先驅普林斯（Virginia Prince）也有一段很長的友誼。1960年代中期參加在好萊塢舉行的早期男同性戀大遊行，就是由史萊特組織企劃的，要求男同性戀者可以被政府徵召參加越戰，布樓文在遊行車上搖旗示意。他雖然反對越戰，卻支持男同志有服役的權利。

1966年布樓文由富爾布萊特獎學金（Fulbright）資助前往中東，結果他的一個兒子大衛卻在耶路撒冷遇到「打了就跑」的游擊意外事件中喪生。隨後布氏夫婦領養了3名不同種族的小孩，其中兩位還是男同性戀者。

男同性戀線上雜誌——《今日男同志》（Gay Today），在最近一次採訪布樓文時問他對一向有關他必然是異性變裝癖者傳聞的看法，因為他強烈表達對變裝癖社群的高度興趣，有些人則認定他是男同志，且對於他公開承認自己是有婚姻誓約的異性戀者感到失望。「假如我是書中所寫的人物，那我可能是一個四不像的人。」他如是說，並提到書中的虐待與被虐待狂、戀童癖、自慰及其他各類性表達，「我認為自己是個性研究者，我容許我對人們以他們自己的方式來表達性，並保持高度興趣。」

布樓文在台灣的性學研究領域中仍是陌生的名字，雖然我們的性教育學會也致力於性學研究，包括性歷史，但總是比較偏重中國古代性歷史及台灣近代性學發展。性學的蓬勃研

究來自美國，有興趣的讀者不妨上Google網站，打入「布樓文（Vern Bullough）」，可以看到10個網頁中將近10萬則有關他生平的一切，了解這位性史大師的言行與精神，也可進一步上亞馬遜網站購買他的著作。

17 性健康及性福祉運動之母
——露絲博士

第三屆性健康博覽會（Sexual Health Expo, SHE）於2017年2月4～5日舉行，地點在洛杉磯市區的加利福尼亞市集中心，約有4千位民眾前來共襄盛舉。

讓來自四面八方的參加者獲得能量加持

性健康博覽會是一個大型的高層次活動，將性教育有風格地呈現，重頭戲是由數位頂尖性專家（Sexperts），就全方位性健康開辦工作坊及討論會，另有60家參展廠商示範最創新、最前衛的性玩具及性用品。SHE給來自四面八方的參加者獲得能量加持，使他們身處在健康性生活的所有好處之中。

始於2014年的性博覽會一直被媒體正向地報導，包括《Cosmopolitan》、《Playboy》、《New York》、CBS、《VICE》、《Elite Daily》、《The Guardian》、《Bustle》及許多的其他媒體。評論如下：

• 《Cosmopolitan》：性健康博覽會滿足每個人的需求，不論你是想買一個新的性玩具或只是隨處看看、聽聽權威性專家的研討課程或介紹以獲得忠告、提升自己的性能量，SHE總

是有東西能給你。

• CBS電視台：SHE博覽會允許參加者只談論性，你可以學到很多，當場眼見耳聞真的很有娛樂性且有趣。所謂「較佳的性」（Better Sex）就是拓展你對自己的認識及你可以從現場獲得什麼。

• Bustle.com：我一連兩年來參加性博覽會，尋找有趣的新產品來試用，相當受到那些在活動中好玩、週全且性正向的人們的影響。從性教育工作者、性作家到性玩具企業家，不同組群都同樣站在前線打仗，他們除了肯定性愉悅（sexual pleasure）是基本人權，自己也樂在其中。

• 《The Guardian》：在性健康博覽會場到處瀏覽，我發掘到一些市面上最創新和親密的用品，什麼都有，從給伴侶用的電子震盪器到控制骨盆運動的智慧型手機。

SHE在2017年出版了《性健康雜誌》（Sexual Health Magazine），是一本必讀的性福祉指南季刊。從最新消息、產品評論、教育機會及獨家採訪，內容聚焦於探討新觀念和有關性主題的深入談話，及經由平衡教育與實際面迷人又令人信服的時代趨勢。

「人類的性」領域中最具代表性的人物——露絲博士

今年最大的賣點就是露絲博士（Dr. Ruth Westheimer）的現身，她是「人類的性」（human sexuality）領域中最具代表

性的美國人物，就是因為她的號召力，一個博覽會居然有4千多人參加，他們都是為了親睹傳奇人物親臨且開金口。「她是今日性健康及性福祉運動之母，一個真正的國寶」，SHE的媒體主任拉米瑞茲（Sara Ramirez）高度推崇她。

露絲博士

由於有不少廠商贊助，這樣一個新奇、內容多樣化且豐富的展覽會為免費入場，只要年滿18歲就可以在網路上預約。雖說免費是吸引人潮的一個原因，然而大多數成年人都是衝著露絲博士而來的。

露絲博士主講的題目是「要有很棒和較安全的性，你所需要的基本知識」（The Knowledge Base You Need to Have Terrific and Safer Sex），露絲博士從不相信有「安全的性」（safe sex）一事，她一向都使用「較安全的性」一詞。她希望自己的演講可以激勵年輕的專業人員去追求人類的性愉悅，也很欣慰這些專業人員認同向年輕人傳播健康的性之重要性。

身為性心理治療師，露絲博士率先在她的廣播節目中坦誠地討論性事，「談性論事」（Sexually Speaking）1980年時本是一個在紐約WYNY-FM電台（NBC）播放15分鐘的預錄節目，一年後它變成一個1小時的現場節目，露絲博士（以這樣

的稱呼而聞名）當場回答聽眾的callin問題，不久它就變成傳播網絡的一部分。她的專業呈現在各種媒體，包括電視、書籍、報紙、遊戲、家庭錄影帶、電腦軟體及她自己的網站：www.drruth.com及Twitter：@AskDrRuth。

露絲博士1928年生於德國，10歲時被送至瑞士的兒童之家——其實是一個孤兒院，收容為躲避大屠殺而被送來的德籍猶太裔學生。17歲時她去了當時的巴勒斯坦，成為the Haganah，猶太自由戰士的一員，為該國的獨立而戰。然後她就搬到巴黎，就讀Sorbonne大學並在幼兒園執教。1956年她移民美國，獲得紐約New School大學的社會學碩士，並於1970年在哥倫比亞大學教師學院獲得家庭研究的教育博士學位。

透過公眾媒體推廣正向的性

她曾在全國有名的計劃親職機構（Planned Parenthood）工作一段時間，也就是這份經驗促使她向當時在紐約醫學中心的凱普蘭博士（Dr. Helen Singer Kaplan）尋求進修人類的性。露絲博士後來亦加入該醫學中心，當了5年的兼任副教授，因為太受歡迎，她先後在紐約好幾所大學，包括哥倫比亞大學及西點軍校擔任教授或院士。除了私人執業外，她也經常在全國各大學演講，且兩次獲選「年度大學講員」（College Lecturer of the Year），她目前還繼續在哥倫比亞教師學院開設研討課程。

廣播節目之外，露絲博士的事業還延伸至無線及有線

電視。她的第一個電視節目只在紐約當地播出，但很快就進入全國性的Lifetime電視台的「露絲博士秀」（The Dr. Ruth Show）。隨後，「請問露絲博士」（Ask Dr. Ruth）節目被King Features娛樂公司製成全國性及國際性的聯播節目，此後，不論是在倫敦、香港或全美國，露絲博士的名聲已是家喻戶曉。

「全新露絲博士秀」（The all New Dr. Ruth Show）又將她帶回Lifetime電視台，推出「有事嗎？露絲博士」（What's up, Dr. Ruth）節目，她協助Lifetime電視台拓寬對青少年觀眾的吸引力。「你與露絲博士同步播出」（You're On The Air With Dr. Ruth）節目又將她帶回當初起家的公視，有現場來賓，也接callin電話。1992年她以在Nostalgia電視台播出的「永遠不會太遲」（Never Too Late）節目抓住美國成年人的注意力。不久前，她還經由使用玩偶走進年輕族群，在公共電視台的影集「獅子之間」（Between The Lions）教導觀眾如何閱讀冗長的字詞。

2007及2008年露絲博士定期出現在退休生活電視台（Retirement Living TV），2007年時她亦有一個節目在MTVV電視台向750個大學校園及網路播出，這些節目的片段目前可以在她的You Tube頻道看到（www.youtube.com/drruth）。英國國家廣播公司（BBC）製作「不平凡的女性」（Extraordinary Women）是有關她一生的影片，已在全國及全世界公共電視台播出。

在出版方面，露絲博士以她的專欄「請問露絲博士」（Ask Dr. Ruth）風靡全球，另外，她已出版了41本書，且還在繼續寫作中。

全國母親節委員會（The National Mother's Day Committee）一度尊稱露絲博士為「年度母親」（Mother of The Year）；她獲紐約市贈送自由勳章（Liberty Medal），也由以色列聯盟頒發以色列文化獎；《人物》雜誌（People）曾經以她為封面，將她收在「20世紀最令人尋味人物」名單中。

露絲博士於2012年得到全國精神疾病研究擁護研討會所頒發的耶魯心理衛生研究擁護獎；2013年她獲贈來自計劃親職機構的Margaret Sanger獎。

雖88歲高齡，露絲博士的腳步絲毫沒有慢下來，仍然熱衷於她的專業，目前仍在居住地紐約市做自己喜歡的事——寫書、演講與性治療，令人敬佩。

後記

這篇文章寫於2017年，主要陳述該年性健康博覽會由於有露絲博士加持而顯得意義非凡。她的演講內容平易近人，深入人心。性健康博覽會每年都在洛杉磯舉辦，地點均選在高級大飯店，2021年於9月25～26日舉行，活動列舉五大理由鼓勵民眾前往：1.提倡正向的性，2.獲得專家的性教育，3.發現新產品，4.加強你的性生活，5.全民參與，不分男女老少貧富。

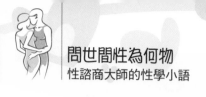

18 性治療大師露絲博士小傳

露絲博士（Dr. Ruth Westheimer）是德裔美國人，非常著名的性治療師、媒體寵兒和作家。她的媒體生涯始於1980年代的廣播節目〈性開講〉（Sexually Speaking），直到1990年；1984～1993年中她也在至少5家電視台開播電視節目，包括「生活頻道」（Lifetime Channel）及其他有線電視，同時也出版40多本有關性愛主題的書，在美國只要提到露絲博士（Dr. Ruth），真是無人不知，無人不曉。

這位身高不到5呎的性治療師之所以如此成功，不僅因為她在專業上的表現，更因為她為人處世的態度。喜歡穿著孩童尺寸短靴的露絲博士為人謙和友愛，不論走到哪裡都親切地與採訪她的記者握手言歡，也對負責接送她的司機很友善，總是稱讚他開車技術好、做人好，在餐館裡「好棒！好好吃！」一定掛在嘴邊。

回溯她樂觀的個性來自過早社會化的童年，在大屠殺（Holocaust）之前，她在法蘭克福有個美滿的家庭。祖母是虔誠的東正教猶太人，一向重視對上帝的信仰；父親鼓勵她要用功讀書，追求高等教育；即使是在最艱難的大屠殺情勢中，也就是當母親送她到火車站時，明知是最後一別，還是告

訴她，「我們會再見面的。」當時她只有10歲。

父母忍痛經由兒童轉運站將她送到瑞士一家孤兒院，這個決定救了她一命。她家人都被納粹殺死了，直到二次世界大戰結束，她和其他倖存的孩童被送到以色列，當時她感到自己在這個世界已無容身之處。

一直都以正向態度來面對困境

正是因為這樣的經歷，造成她堅忍不拔、有恢復力的性格。她一直都以正向態度來面對困境，也樂於與生活中、工作上遇到的任何人分享她的喜悅，但她卻拒絕在公眾場合流露傷心情緒。她的女兒說只見母親哭過一次，就是在父親過逝的那一剎那。露絲博士不像一般人會用哭來使痛苦減輕一些。

這可能遺傳自她的父母。露絲博士說她從未見父母哭過，因為「德裔猶太人是不在公開場合顯露情緒的。」但私底下她會在憤怒的情緒中掙扎，然後慢慢平靜下來。1980年代她寫過自傳，曾提到找過心理醫師，敞開心懷訴說離開父母的那種悲傷感覺。她說，「曾有一段時間，我以為我留下來不走就可以拯救他們。真傻，當時如果留下來，我現在就不在世上了。」

露絲博士一生都專注於他人的性生活，她對於討論個人生活有清楚的界線。結過三次婚，她認定嫁給德裔猶太人曼佛瑞（Manfred Westheimer）的第三次婚姻才是「真正的婚姻」。丈夫於1997年去逝，她一直戴著他送的黃金鑽石婚

戒，不曾離手。

因為露絲博士在10歲時失去至親，讓總覺得有分離感而要找尋愛。她喜愛指出男人們有多吸引人，這不只是好聽的話，而是有深層意義的。她說，「當我說我的男友們很可愛，他們不會瞭解其中的一半意思，而我也不會告訴你們，還有很多其他因素。這是相當嚴肅的，就是我們一直互相支持，因為我們都曾是孤兒。」

她曾在某影片製作人朋友婚禮預演致詞時向全體賓客說，「嘗試新的姿勢，並請陳述」，即使人們會認為她是濫情濫性，她也不怕。她很自信地說，「他們愛怎麼想就怎麼想，但我其實是老古板。如果人們認為像我這樣的人從早到晚都在談性，每天晚上都和男人睡覺，那就錯了。出去找人做愛可能很有樂趣，如果有做避孕或性傳染病的預防措施那就還好，但還是不會滿足的。所以如果有人得意地說，我有300個朋友，我的想法是太危險了，太扯淡了。」

2018年時露絲博士90歲，她有太多的事蹟值得紀錄及讓後人知曉，因此Hulu製作人馬默（Rafael Marmor）邀請露絲博士成為他紀錄片的主角，她斷然拒絕。馬默隨即寄上他的成品之一——〈地球上無容身之地〉（No Place on Earth）的影片連結給露絲博士，她一看到標題就被觸動了，立刻打電話給馬默，熱情地答應參加〈請問露絲博士〉（Ask Dr. Ruth）的紀錄片拍攝。2019年初，該紀錄片在坎城日舞影展（Sundance

Festival）引起很大的迴響並獲獎，正向影評充滿了媒體篇幅。這部影片探索這位矮小的博士的坎坷童年，一生奮鬥及對性革命的貢獻，她的個人特色就是富幽默感且總是坦誠地提出忠告，該片已在全美各大戲院及Hulu電視台上映。

在日舞影展時，露絲博士處處受歡迎，她表示希望這部紀錄片能獲得2020年奧斯卡獎提名，她說，「我真的很希望至少獲得提名，我想要讓影片拍攝者及製片人此後一生獲得認同，因為他們將會拍攝更多影片，因此他們獲得提名是非常重要的。對我而言只是好玩而已，在我92歲的高齡若能因被提名而去一趟洛杉磯，那就太棒了！」

露絲博士名正言順地想要獲得奧斯卡獎提名，她很想要放一個獎座在她家壁爐上一堆榮譽博士頭銜旁邊，當然不只希望這樣，紀錄片的義意是更寬廣的，她認為是站出來面對否認大屠殺及那些已厭倦承認大屠殺者的方式。

在拍攝期間，露絲博士和導演白雷恩（Ryan White）成了好朋友，當他隨她一起參加她每年到瑞士及以色列的朝聖之旅，露絲表明沒興趣到她父母曾被送去的集中營一遊，因她不想站在眾人面前大哭。白導演回憶露絲的堅強，她總是說，「我才是治療師，你不是！」她不願去碰觸她曾經經歷的創傷和痛苦。在他眼中，這位性與關係治療師（Sex and relationship therapist）如此不願表達情緒，真是令人跌破眼鏡。

2017年時她強烈地表示關心美國邊界親子分離的議題，因

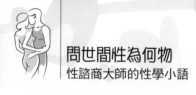
為她自己也曾是移民。「當我看到孩子被迫與父母分離，我真是傷心……。我能感同身受，因為我以前就是那種感覺，我們一定要站出來為他們說話，即使我是不參與任何政治的。」

她對於「#Me Too」運動所出現的話也心有戚戚焉，雖然她強調治療的重要性，對於那些宣稱曾被性侵害的人，她也不確定有關同意（consent）的進化討論將會如何地影響人際關係。她說，「我很難說出口，要她或他簽署一張同意書，願意與對方上床。」她又說，「我希望人們能互相注視對方，手牽手。我要他們喝一杯酒，然後討論要不要做愛。但毫無疑問的，我們必須教導女性，她們有權利說『不！』，同時也必須教導男性，即使性的慾望已是奔放而強烈，也必須尊重對方。」

教導人們如何建立可以維持長遠關係的友誼

近來，露絲博士的首要工作不再是教育美國女性性高潮或男性早發性射精，她最關心的議題是寂寞（loneliness）。她認為人們對性的瞭解已經很多了，現在她要教導人們如何建立可以維持長遠關係的友誼。「我經常聽年輕人說他們在網路上有很多朋友，真是扯淡，且真的很危險！那些人根本不是朋友，只是認識的人而已。『友誼』這個字已經失掉它重要的涵義了。友誼是需要培養、需要付出時間的，它需要基於你所相信的某事，而不是性。我認為若有人說他/她有300個朋友，我

的想法是那真是太危險了。」

由於露絲博士一向都很強調關係（relationship）的重要性，當被問到對約會軟體（dating APPs）的看法時，她說：「我贊成任何幫助人們與某人連結的社群媒體，使人得以免於寂寞。然而人們需要對此事存有智慧，初次見面絕對不應該在人少偏僻的地方，在旅館的大廳或公共場所見面較為恰當。」

友誼對於露絲博士太重要了，她承認她痛恨獨處。那個她曾居住了55年的公寓大樓裡，她非常珍視與對門兩位男同志的友誼，他們喜歡幫她煮食，她也帶他們到鎮上享受夜店生活。

很明顯的，露絲博士非常不服老，「我不是那種活在搖椅上的老奶奶」，她說，「我經常去看電影、聽歌劇及音樂會，也常到朋友家中。我喜歡出外晚餐，有時候一星期中只有一個晚上是在家吃飯的。」

她以規律的生活來維持健康。午夜12時上床，早上10點起床。吃得不多，但一定是一日三餐，她喜歡牛排及日本料理，尤其是生魚片。她的精力令身邊親近的人非常驚訝，身高不高，走路卻相當快。

露絲博士目前寡居於紐約市的華盛頓崗，她有一子一女及四個孫子。91歲高齡還是非常活躍，一直都是媒體追逐的對象，仍然寫書、教學及應邀演講，生活忙碌而充實。

19 終身推廣性社會學——包約翰教授夫婦

　　西方人較不壓抑性本能，美國人不論在電影或現實生活中，只要雙方有好感就很容易進入性愛，因此婚前懷孕及婚外情，乃至離婚的現象相當普遍。許多過來人，亦可稱為受害者，都是自經驗中學

包約翰教授夫婦

習成長，摸索出正確的性觀念，但自身的經驗也不見得能以適當表達來教育下一代，所以性教育工作者就開始在大中小學規劃性教育課程，只是青少年在青春期，他們身體的行動往往比腦筋轉得快，做出來的性事比正確的性觀念多，性教育的效果並不顯著。

大學有必要開設性教育課程

　　大學階段開設性教育課程是補強，也是必須。加州大學系統是一個學術氣氛濃厚的學術機構，幾乎每個校區都有開設入門的性教育相關課程，它們僅是一般的選修課程，並不會被特別強調，然而加大聖塔芭芭拉（UC-Santa Barbara）校

區的一門性教育課程卻是與眾不同。包約翰教授夫婦同心同調的教學引起甚大迴響也建立口碑，《洛杉磯時報》記者高賴利（Larry Gordon）不只親臨該校訪問了包約翰夫婦、幾位修課的學生及學校相關人士，還寫了一篇報導，附上幾張照片，登在2009年8月1日的《洛杉磯時報》上，佔了整個版面，特別強調包氏夫婦的教學態度及生活化的教學方式，相當有趣，茲將該篇報導改寫如下：

「人們在發生性關係前到底對彼此有多少認識？」在加大聖塔芭芭拉校區一間最大的教室裡，社會學系教授包約翰（John Baldwin）和包珍（Janice Baldwin）兩人侃侃而談一項調查結果，顯示不管男女，願意和自己所愛的人上床的比例幾乎一般多，但隨著性別差距浮現，課堂上哄然大笑隨之而起。據結婚多年的夫妻陳述，男人對普通朋友或偶然認識的人仍渴望有性，女人則否。當包珍談到與陌生人性交的統計資料時，600個學生的吵雜聲可真是震耳欲聾，他們幾乎聽不到她宣佈的數字：37%的男人會與剛認識的人上床，女人僅有7%。「所以你們知道，男人似乎有點傾向會與他們不很熟的人上床。」包珍面無表情地說，「或者與完全不認識的人上床吧！」她補上一句，然後放聲大笑。

具有幽默又嚴肅的特性，「人類性行為社會學」這門課在濱海校區一開就是20年。因此，60多歲沉穩的包約翰夫婦就成為該校過往和當今數以千計學生最信賴和最受歡迎講授愛情與

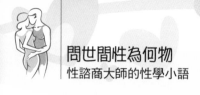

性愛主題的教授。

協助學生提升性的正向力量

當今的大學生很容易就接觸到限制級網站，許多人也觀看名嘴剖析問題婚姻，但他們對生物學和性行為的認知，及謹慎過頭的父母與教健康教育的高中老師給的不真實答案都存有差距。

包氏夫婦從有關性高潮、避孕及不孕等方面著手，並技巧性地注入他們41年良好婚姻的運作經驗。「我們不認為我們是性學天王天后」，63歲的包珍在他們桌連桌的辦公室裡談到，「所以，可不是在談論我們自己，而是學生需要知道的一切。我們很榮幸能開一堂課協助他們避開負面的性事，並提升性的正向力量。」

68歲的包約翰教授說他和妻子並不想成為學生的楷模。「我們可不願意教他們變成像我們一樣。」他說，「不過，我們想要談有關各式各樣的關係，縱使生活中有很多偶發的性關係，但他們一定想要尋找非常特別的對象。因此，我們對他們有點小小的幫助。」

學生們說這門學課是有趣的、令人大開眼界的，總體而言是有用的。很明顯的，許多學生會加以注意，而性傳染病的講題使得校園健康中心的業務加倍繁忙。

21歲，來自加州隆柏市（Lompoc）主修地理的米樂仁

（Adam Milholland）說他高中健康教育課強調禁慾，所以他很感謝包教授的坦率及所提供的知識，「這門課教的東西對人生是非常重要的。」包氏夫妻非批判式的課程氣氛也有助益，「這簡直酷斃了，老師以身言教談論他們知道的東西。」米樂仁說，「他們或許有他們的問題，但他們仍然相處愉快，從他們彼此互動、互相支持，很容易就看得出來。」

「人類性的社會學」是該校開課最久、最受歡迎的課程之一，包約翰夫婦受獎無數，在2003年尤其多，那年包約翰教授獲頒學校最傑出教師獎，褒揚他在「稍有疏失就變成難以應付的局面」的領域具有纖細的敏銳特質。（他太太是資深兼任講師，無法一同受獎，因為這個獎只頒給終身職或全職的教職員。）

角色模範是課程中有趣的附加價值

包氏夫婦皆在俄亥俄州避談性事的家庭中長大，包珍的母親從未跟她談起月經的事，而約翰早期的性教育則是他父親抱他從車庫的窗戶看兩隻狗交配。約翰先是在約翰霍普金斯（Johns Hopkins）大學時就讀預醫科，後來拿到社會學博士學位，包珍在俄亥俄州立大學取得學士學位，而後在加大聖塔芭芭拉校區獲得社會學博士學位。他們在佛羅里達州經由陌生約會相識，當時他在那兒從事研究，而她則是參加暑修課程。

結婚後，因為約翰正在從事松鼠猴的行為研究，他們在

中南美洲的森林裡旅行了好幾年。在那兒，他們目睹人類
因人口過剩或缺乏節育而受苦。這些經歷影響包珍在1970
年早期回到聖塔芭芭拉當「有規劃的父母計畫（Planned
Parenthood）」的義工，包約翰則一路在加州大學從事教職並
成為社會學正教授（full professor），當時有一門由研究生所
教的性學課程快要結束，這對夫妻乃舉起教鞭一頭鑽進人類的
研究，而非猴子。

美國非營利性資訊與教育委員會的公關副總裁康瑪莎
（Martha Kempner）說，「許多大學也開類似的課程，不過沒
有是由一對夫妻共同開課的，具有角色模範是相當有趣的附加
價值。」

高姚運動員似的身材，一向穿著牛仔褲及短靴，他們一星
期有三次在校內最大的教室授課，他們站在講台兩端，猶如知
名的電台主持人風靡全場。當大銀幕打出《紐約客》雜誌一幅
有關性愛的卡通圖片時，旁邊還顯示一些有關避孕的數據圖
表，夫婦倆講課幾乎不用筆記，一人一句，非常流暢。偶而他
們會站在講台中央做角色扮演。有一堂課談到羅曼史的生命周
期，他們就扮演一對初次見面笨拙尷尬的年輕男女。「嗨！你
是不是也上歷史課？」約翰這句把馬子的陳腔濫調立刻引起學
生會心一笑。

當討論到如何在激情後延續愛情，他們倆則示範讚美的魔
力。包珍告訴約翰他是如何地仁厚及貼心，整個教室「啊！

哇！」之聲不絕於耳。他們也會演出如何避免爭吵的橋段，當
珍告訴丈夫對於他總是穿同一件牛仔褲感到厭煩，學生們說他
們會去注意真正不和諧的徵兆。如果包約翰夫婦相互不理，他
們會竊竊私語他倆是不是有過爭吵。「他們在講台上會上演一
些小喜劇，也做一些調情的小動作，所以毫無疑問他們的關係
非常好，不過背後仍留有些許神秘。」主修傳播學、20歲的文
詩瑞（Serena Winters）說道。

支持年輕學子進行安全的性

包氏夫婦對他們的私人生活口風甚緊，除了說他們沒有小
孩，也未曾與他人結過婚，空閒時則喜歡健行。他們說學生禁
慾也許是好事，不過他們相當支持那些認為年輕子女有活躍性
活動但盡可能要注意安全的父母。當學生在公開或常常私下對
於性生理和性激發表示疑惑時，包約翰就不慌不忙拿出相關圖
示，有如地質學老師展示地震斷層圖一樣熟練。他和他太太說
明這就像新婚夫妻一樣，他們對身體某些重要器官的位置和正
確名稱同樣不敢確定。

由於選修這門課的學生太多，他們無法與學生很好的互
動，所以他們為進階的學生另開小班課程，包括今年春季只有
16人在小會議室上的課。在此課程中，教授夫婦會帶領學生研
討指定讀物，包括睪丸素對男性暴力行為的影響，以及整型手
術的流行；他們有時也扮演節目主持人，讓學生討論出櫃的同

志政客和名人的性道德。

「什麼時候是適當的？」包約翰問到，「什麼是涉及侵犯？」他們小心翼翼以毫無偏見的態度處理如墮胎及避孕等極具爭議的議題，縱然緊急避孕法和轉介至「有規劃的父母計畫」的海報就貼在他們辦公室的牆上。多年來，只曾有十幾位學生向校方報怨一些他們反感的主題，諸如口交，不過這些張貼的海報未曾被撤除過。

課程中有些主題求真但具有敏感性。在一堂談到古希臘墮胎的課中，包氏夫婦就提醒學生如果覺得畫面看著不舒服就避開不看。螢幕上呈現出3個月大流產的胎兒，還有因非法墮胎而喪命的女性屍體的照片。包氏夫婦說，最讓學生感到不舒服的議題就是父母親的性。年復一年，課堂上看到熟年伴侶裸裎相擁的畫面就出現一片尷尬的嗯呀聲，「他們一直不願去面對他們的父母親也有性。」包珍說。

對大學生的性生活定期做調查

一個公開的網站（www.SexInfoOnLine.com）連結到此課程，它鉅細靡遺但不關色情，它會回答一些如「自慰有危險性嗎？」（答案是「不會」）的問題，並提供有關緊急避孕的方法，還送上50種美好約會的小竅門。

包教授夫婦定期對大學生性生活所做的調查引起熱烈的討論，最近的一項調查顯示，2007年時約有75%受訪者說他們曾

有過陰道交，其餘的則說以那樣的定義他們算是處男處女，雖然他們有過口交。調查亦發現在有AIDS之前的80年代初期，校園內的雜交人數達到高峰，1988年時38%性活躍的大學生曾跟認識一天或不到一天的人發生性關係，這個數字在2007年下降到26%。

該校社會系副系主任查爾斯（Maria Charles）教授說她曾在大學時修過包約翰的課，並不驚訝選課的人數居高不下。「事實上，它是非常有研究基礎的，並非他們個人的意見或價值判斷」、「學生們被包氏夫婦如同父母親的角色所吸引，他們夫婦針對『健康的親愛關係』的內涵侃侃而談。」這也可以說明為什麼這對夫妻目前沒有退休的打算，還不斷接到已畢業學生的認證——受邀參加他們的婚禮。

「我們想要散播一種不令人難為情的特質，常久以來，學生們也覺得與我們相處非常愉快。」包約翰說，「真好，他們使我們保持年輕。」

後記

這篇文章寫於2009年，包約翰教授夫婦至今仍在加州大學聖塔芭芭拉校區社會學系任教，快樂地教授「人類的性社會學」（Sociology of Human Sexuality）、「進階人類的性社會學」（Advanced Study in the Sociology of Human Sexuality）、「人類的性」（Topics in Human Sexuality）等課程。

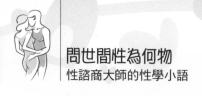
20 家庭治療的創始者
——納吉博士

納吉博士

雖然阿德勒（Adler）於1920年代在維也納開始進行輔導家族的工作，但美國的家族治療則是到了1940年代才開始萌芽。1950年代時，系統家族治療法初展頭角，當莫瑞・包文（Murray Bowen）正在發展多世代家族治療的同時，薩提爾（Satir）也發展出聯合家族治療法，而她的學生納吉（Ivan Boszomenyi-Nagy）更是青出於藍，躋身致力超越個體心理學來了解並試著治療精神疾患（尤其是精神分裂症）的治療行列之中，包括莫瑞・包文及李門・維恩（Lyman C. Wynne）在內。

納吉博士（Dr. Nagy）早就注意到家庭互動的毀滅性模式會延伸數代之久，為了提醒及說明此現象，除了父母及兄弟姊妹之外，他還將病人的祖父母及孩子們帶進晤談。他發現，致力於平衡家庭成員之間的忠誠性及倫理義務，即使尚無法治療疾病，至少可以減輕症狀。

　　將理念付諸治療的實務成為納吉博士6本書及80幾篇文章的基礎，其中許多還被翻譯成數國文字，風行於歐洲及其他地區。他最具深遠影響力的一本書是《隱形的忠誠》（Invisible Loyalties），是1973年由Harper & Row出版公司發行的（共同作者為Geraldine M. Spark），啟發了當代所有治療師更廣泛地去思考有關精神疾病是家庭體系的一部分，端賴個人內在的忠誠性及承諾而定。

生長於溫暖有支持的大家庭中

　　很遺憾地，這位促進建立精神疾病、將病人的家族帶入作為治療盟伴的精神科醫師已於2007年1月28日逝世於賓州格蘭賽德市（Glenside, Pa.），享年86歲。納吉博士1920年生於匈牙利首都布達佩斯，父母皆為傑出法官，他和弟弟自小就經常與堂/表兄弟姊妹、叔嬸及祖父母等有密切互動，生長於溫暖有支持的大家庭中。正因如此，他日後才會想到以家庭來做為治療的基礎。

　　他於1948年獲得彼得帕茲曼尼大學（Peter Pazmany University）精神醫學學位，而後至布達佩斯大學擔任助理教授，由於不願效力共產黨，他在戰後離開了匈牙利，搬到奧地利的薩爾斯堡定居，曾經為聯合國國際難民組織工作了一段時間，1950年搬到芝加哥，完成了他在醫院的訓練。

　　納吉博士1957年接下費城東賓州精神療養院（the Eastern

Pennsylvania Psychiatric Institute）的主任職位，帶領家族治療部門長達20年之久，後來又擔任漢內門大學（Hahnemann University）及現在的德瑞賽爾大學（Drexel University）家族治療系系主任，他同時也是「美國家族治療學院」（the American Family Therapy Academy）的創始人之一，他自己也創立了「脈絡成長醫療機構」（the Institute for Contextual Growth），這是個私人的家庭診所，位於賓州的安柏勒市（Ambler），目前由其妻、凱薩琳-納吉博士（Dr. Catherine Ducommun-Nagy）管理，她也是個精神科醫師，夫妻有志一同為家族治療貢獻一生。

賓州德瑞賽爾大學家族與伴侶治療中心主任華生博士（Marlene F. Watson）說：「納吉博士的工作精要在於他將關係中的各倫理層面——信任、忠誠及公平，置於治療歷程的中心。」她強調，自家庭生活的脈絡中去探討信任、忠誠及公平的議題，並讓每位家庭成員說明自己的想法及感覺，對於處理病人的症狀及減輕其痛苦是有幫助的，因為這樣能分散家中某一位或幾位成員的負擔，讓家人一起承擔、分享、支持及合作。

問題都源於某種失敗關係

《今日心理學》（Psychology Today）在1993年3月1日出刊的雜誌中曾訪問過納吉博士，就他「脈絡治療」

（Contextual therapy）中的幾個觀念請他簡要地解釋和說明。對他而言，不論種族戰爭、洛杉磯的族群暴動、街角的藥物濫用，或是在家庭中不快樂的「成人小孩」（adult children），人類困境的要義是相同的，問題都源於某種失敗關係，大部分是來自有關「公正」的錯誤觀念（misconceptions about justice）。

被問及「公正」為何會成為他的理念核心？納吉博士說：「我在1981年時發展『毀滅性的賦權』（destructive entitlement）的概念，它是指關係中的倫理動力，亦存在於家族成員的心理向度之中。人都有一種復仇心理，而『entitlement』就像一種權力，它可經由對家中他人有益的貢獻而得到，也可經由痛苦而獲得。舉例來說，倘若你在兒時曾被剝削、虐待，你必然覺得憤怒、懷疑，心理上就覺得該報復，自倫理方面而言，你當然有報復的權利。又假如你有遺傳性疾病，你在忍受痛苦，哀嘆人生不公平，『為什麼是我？』這時，你也處在一種賦權狀態，因為你受到傷害了。」

問題是，「該如何面對它？建設性的還是毀滅性的？」「這是你可以採取的行動之本質。你不能改變基因，但你若利用它來對付一個無辜的人，將無可改變的過去帶進未來，這是不公平的（unfair），且它會創造新的不公平（injustice），成為世代的惡性循環。」

因此，納吉博士認為「毀滅性的賦權」是孩童照護方面的

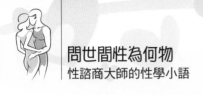
巨大問題。它長久以來都存在國與國之間的戰爭或國內的不同
種族，且它在摧毀婚姻方面也扮演了重要角色。他說，「當
你與某人親近地同居一室，你利用他/她做為代罪羔羊，你將
自己的負面情緒投射到他/她身上，自己做錯事還責怪對方，
且指控對方在生氣。」從心理學的角度看，投射的一方是有問
題的，但自倫理而言，他是處於困境的，他因倫理之故而忍受
更多的心理痛苦，於是他將報復心理外化，如果伴侶挑戰他
「毀滅性的權力」，會讓他更堅持自己的行為。雙方關係就會
因其心理問題及不公平而受到傷害。

毀滅性權力其實組成了許多人的生活

至於藥物濫用與「毀滅性權力」的關連，納吉博士指出，
毀滅性權力其實組成了許多人的生活，一個主要特徵即對良心
的苛責不敏感，也對自己不在乎。這種現象在街上蔓延，在孩
童中擴散，也存在於世代相傳，即父母加諸在孩子身上的暴力
言行。

納吉博士與羅吉士（Carl Rogers）博士相似，主張由個人
做起，然後齊家、治國、平天下，除了個人治療、家族治療
外，他也關切較大的社會群體。他認為可以用「毀滅性的權
力」的理念來解釋那些看起來邪惡或愚蠢、永無終止的部落間
或種族間的戰爭。那些人由於存在偏見，好像很瘋狂地在行
動，並非他們很笨，而是他們看不見良心的苛責。他們不認為

做這些事是不公平的，因此這根本是個有關公平（justice）而非關智力（intelligence）的議題。

有沒有解決的方法呢？納吉博士強調，感覺被賦權（Feeling entitled）與實際被賦權（being entitled）並非同一件事。因此，對於那些國家及其他群體，人們必須發展出一套針對那些狀況的公平法則：我們之所以會有報復的動機，其實是來自心中深切的公平感及對那些愛我們卻傷害我們的人的深度忠誠感。

納吉博士50年前的理論仍適用於今日社會，可惜斯人已逝，但精神長存，讓我們一起來追念他吧！

21 悼念性學研究大師
雷布倫博士

雷布倫博士

　　收到Guilford出版社寄來
剛剛出爐的新書《治療性慾疾
患——臨床案例》（Treating
Sexual Disorder——A Clinical
Casebook）的新書DM，由於低性
慾或性趣喪失在性治療中是很普遍
的抱怨，此書以深度的案例呈現了對個人及伴侶們有效的各
種治療方式。每章的作者都是高功力的治療師，探討性慾問
題之複雜性並提供臨床治療技巧之詳細描述，書中強調在評
量與介入時，生物、心理、人際、脈絡及文化等因素之綜錯
複雜性。本書主編為雷布倫博士（Sandra R. Leiblum），提綱
挈領地介紹每一章並點出主旨，且提供讀者瞭解每位作者治
療方法的脈絡。

　　正津津有味地閱讀本書介紹時，一眼瞄到編者簡介的小
方塊，第一行居然寫著「雷布倫博士為新澤西醫學與牙醫學
大學Robert Wood Johnson醫學院的心理實習督導部主任、性
與關係健康中心主任及婦產醫學精神醫學教授，直至2010年

1月28日過世」，不禁心頭一震，如此活躍且多產的性學研究者，原來才過世不久，心裡很震驚也很不捨。

提起《性治療的原則與實務》（Principles and Practice of Sex Therapy）一書，不論是從事性諮商/性治療的專業人員、準專業人員及性學研究者，幾乎無人不知這本鉅著，它提供了所有男女性功能障礙評量及治療的週全指南。性治療界諸權威說明了整合心理、人際與醫學介入的有效方式，亦充分說明治療的歷程及影響治療結果的諸多因素。此書初版於1980年由雷布倫博士與波文博士（Lawrence Pervin）共同編著，雷布倫博士主編並校閱，一出書即造成轟動，幾乎成為「性學聖經」。2007年時已是第四版，還獲得性治療與研究學會（Society for Sex Therapy and Research, SSTAR）健康專業書卷獎（Health Professional Book Award）。

發展出名聲響亮的「性週」課程

雷布倫博士出生於紐約布魯克林區，成長於性負面（sex negative）的家庭環境中，卻有自己對性的原則及看法。大學就讀英文系，後來進入伊利諾大學苦讀，獲得臨床心理學博士學位。她於1972年開始在Robert Wood Johnson醫學院及魯格大學（Rutgers）臨床心理研究所執教並做研究。

她推動人類性學的學術研究始於1993年在明尼蘇達大學的SAR課程（Sexual Attitude Reassessment Seminar），一年後

她與兩位同事，克羅斯（Richard Cross）及羅申（Raymond Rosen）博士共同發展出名聲響亮的「性週」課程（Sex Week）。這個人類性學一週課程成為精神醫學及醫學院學生的必修課。幾十年下來，不知有多少醫學及心理衛生照護提供者，因為上了此課程使得他們的態度自焦慮轉變為性正向（sex positive）。

雷布倫博士亦將她的「性週」課程發展成適合性教育工作者的課程。每當她對某事好奇或想要分享引起她注意的某種現象時的那種刺激興奮感，她通常的反應就是寫一本書。她總共編輯了11本書，有時是單一編輯，有時與共同作者羅申博士一起編輯；她參與了30本書的共同寫作，另外還有121篇刊登在學術期刊的研究論文。她是個多產的研究者，探討的臨床主題相當廣泛，包括高潮、勃起及性交疼痛、性導向、與更年期有關的性問題，以及性治療評量之挑戰。2001年她還與同行拿琛博士（Sharon Nathan）發表了一篇她們對於當時稱為「持續性性激發症候群」（Persistent Sexual Arousal Syndrome）之觀察，該疾病目前已正名為「持續性性器激發疾患」（Persistent Genital Arousal Disorder, PGAD），這篇文章也是我在性諮商課程中要求學生研讀的一篇好文章。

我在2000年就加入AASECT會員，每月必讀《當代的性》通訊（Contemporary Sexuality），經常看到雷布倫博士的消息，也讀到她在通訊上刊載的研究。2002年翻譯John P. Wincze

及Michael P. Carey合著的《性功能障礙——評量與治療指南》
一書時，在書中也讀到作者引用雷布倫個人及與羅申博士合作
的研究。我不僅對她的大名熟悉，也自她的論著中學習到許多
性治療技巧。

榮獲AASECT的專業水準卓越獎

　　由於AASECT經常在全美各地舉辦不同形式的繼續教育課
程，2005年在洛杉磯好萊塢一個社區中心，雷布倫博士為專
業在職人員上課，是有關女性性慾疾患的課程，我也報名參
加，短短數小時的課程深入淺出，她不諱言碰到令人生氣的個
案，也會分享個人的經驗，講課專注卻平易近人。上完課我在
她擺書的長桌上買了一本她在1995年出版的《性治療中的案例
研究》（Case Studied in Sex Therapy），並請她簽名。當我自
我介紹後她很高興聽說我在台灣教性諮商及做性諮商，說有
機會想到台灣看看。我告訴她想要翻譯她這本書，她笑著答
應，顯得很開心，還希望我能早日向出版社購得版權，後來因
種種因素沒能進行這件事，實為遺憾。

　　除了一直擔任AASECT幾個重要委員會的委員，並於2000
年榮獲AASECT的專業水準卓越獎（Professional Standard of
Excellence Award），她還是美國心理學會（APA）、國際性
學研究學院（IASR）及國際女性性健康研究學會的活躍會
員，貢獻良多。

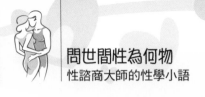

　　雖著作等身，雷布倫博士卻是戶外生活的愛好者，常在溫哥華住處附近健走、打網球、雪地健行及飛行至高山頂等，她也很喜歡旅行、社交，處處都有喜愛她的朋友。她在今年冬天一次單車騎行時發生意外導致死亡，享年67歲，英年早逝，令人唏噓，真是性學界的一大損失。

　　她在ASSECT的同僚及好友克萊恩普拉茨博士（Dr. Peggy Kleinplatz）撰文哀悼，「很難想像在研討會中或在這個世界裡再也見不到她的笑容」。雖然我與雷布倫博士只有一面之緣，但對她的著作及研究甚為熟悉，心中非常不捨，也已經上網購買了她過世後才出版的《治療性慾疾患——臨床案例》新書，讀其書憶其人。

22 另類性教育家珍芳達

美國有個組織完善、功能龐大的性教育中心（the Center for Sex Education），是中央及大北方紐澤西家庭計畫機構（Planned Parenthood of Central and Greater Northern New Jersey, Inc）的附屬單位，2014的年會12月3～5日在紐澤西州

珍芳達

East Rutherford的希爾頓飯店舉行，是一場全國性的性教育會議（National Sex Ed Conference）。會議包括6個會前工作坊、70幾個會議工作坊，及上百位演講者，與會人士均可申請AASECT、CHES、NCFR-CFLE、MSW及Nursing CE's的學分認證。

引導年輕人進入良好的成人性世界

本次會議的亮點是主講者（Keynote Speaker）居然是老牌影星珍芳達（Jane Fonda），這麼大牌的影星與性教育有何關聯呢？沒想到她的講題還是關於她該年出版的新書《Being A Teen：Everything Teen Girls & Boys Should Know About

Relationships, Sex、Love、Health、Identity & More》果然引起不少性教育學者及實務工作者的好奇，活動3個月前報名人數就已超過七成。

現在很多年輕人不知道珍芳達是誰，相信很多人看過2005年的喜劇片〈Monster-in-Law〉，該劇由珍妮佛羅佩茲與珍芳達主演，珍芳達飾演那位專門與未來媳婦作對的富孀媽媽。這部影片是她息影15年後第一部作品，全美賣座第一，而這一年大出版社Random House也出版了她的回憶錄《My Life So Far》，立刻登上暢銷書排行榜第一名，當年她68歲。珍芳達還獲得福特基金會（Ford Foundation）的資助，在美國Emory大學醫學院成立珍芳達中心（Jane Fonda Center），推廣年輕人的性教育，引導他們進入良好的成人性世界。

珍芳達其實是個有爭議性的人物，網路上的報導及維基百科的描述除了一般生平及她演出的作品和獲獎紀錄之外，必會提到她的政治立場。她當年反越戰，且一直是個激進的民主黨員，但她卻保有一顆柔軟關懷人的心。

1982年她自創了一套健身操，以此保持苗條優雅的身材，還出版了23套DVD、13套有聲書及5本書，這是針對嬰兒潮的人設計，教導增強肌肉、改善平衡及維持活力，總共銷售了1700萬份，為她帶來可觀的財富及好名聲。

2011年她又出了一本書《Prime Time》，對於人們如何生活到至極有很詳細的引導，尤其是中年過後的人們。就因為善

於觀察社會，真心關懷人們又敢發聲，能說能寫，她的作家成就其實不亞於演藝生涯，藝文界對她的評價很高。

以青少年的性及發展教育為己任

除了在舞台、銀幕及出版方面的成就，珍芳達亦花許多時間在社運和社會改變方面，大部分時間專注於她在1995年創立的喬治亞州青少年/女權力與潛能行動總部（the Georgia Campaign for Adolescent Power and Potential, G-CAPP），她身為終生榮譽董事長，經由社區、青年與家庭發展，對於輔導青少年/女的專業人員的訓練及立法支持等，致力於降低全州未成年懷孕及肥胖的問題。

近20年來，珍芳達一直以教育年輕人有關青少年期的性及發展為己任，2014年Random House又出版了她的新書《Being a Teen》，長期高居《紐約時報》暢銷書榜，這本書匯集了珍芳達在這些組織中的工作經驗及她兩年的獨立研究，提供青少年/女們需要卻未能獲得的資訊。

珍芳達在該書中暢談她個人與此主題的連結，有她幫助年輕人的點點滴滴及她自身的成長經驗，是一本坦承、直接且透徹的指南，對於身體、性、避孕及性傳染病、身分認同、友誼、家庭、感覺，及更多年輕人（還有他們的父母）需要知道的關於如何快樂與健康成長的資訊。有鑑於此，紐澤西州的性教育中心特地邀請珍芳達擔任2014年性教育年會的主講人，就

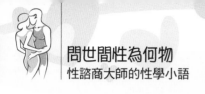

是希望她能闡述個人理念、分享實務經驗及成長心得。

人真的要活到老學到老，因為她有愛心，肯出錢出力並真心走入青少年人群中，她也因此覺得自己有用、有成就感，且能保持一顆年輕的心，高齡77的珍芳達人美心也美，是一棵可敬的長青樹。

附錄

紐澤西州的這個性教育中心設有一個性教育網站（www.SexEdNetwork.com），歡迎性教育研究者及性教育工作者加入會員，此網站有超過100個可下載的課程計畫（lesson plans），且會員可閱讀美國性教育期刊（the American Journal of Sexuality Education）電子檔，亦可得到年會註冊費九折優待，詳情可上網參閱。

性治療

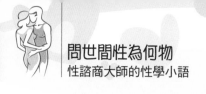
23 性治療幫助達成性健康

「性諮商治療挽救了我的婚姻」這句話經常出自許多被有效且滿意地完成治療的案主或病人口中。性治療是諮商的一種特殊型態，用來治療影響個人或伴侶的性問題，毫無戲法可變，恰當的治療才能診斷出導致不健康性關係的隱藏問題。一旦有了正確的診斷，就可列出治療計劃，朝健康的性平衡目標前進。

世界衛生組織定義性健康為「與性有關的生理、情緒、心理及社會健康狀態，它不僅只是沒生病、沒有功能障礙或任何問題。性健康需要對於性及性關係保持正向並給予尊重，同時也需要有愉悅和安全的性經驗的可能性……」，人類與生就有達到完全性健康的慾望，而性治療可幫助促成此歷程。加拿大一位有醫學背景的心理治療師谷維奇（Dr. Raie Goodwach）說，「從生理及形象意義而言，性是一個核心體驗及全人的一部分，不只是性器官而已。」

性健康並非只對個人重要，性行為及它在人類文化中的意義對於整體社會也是非常重要的。那些有快樂和健康性生活的人們通常比較不會有不安全感、恐懼與焦慮情緒，這些感覺有時會導致虐待、犯罪或其他毀滅性行為，那些經歷過生

理與情緒性困難的人們，通常能通過一個特別設計的治療歷程
而獲益。

性治療的起源

　　馬斯特斯（William Masters）與瓊森（Virginia Johnson）
兩位博士是性治療的先驅，在上世紀60年代時做了許多研
究，也出版了很多書籍，開啟了性治療的嶄新方法。他們革新
了以往專業人員看待這類議題的方式，認為許多性問題是導因
於外在的社會與認知議題，他們依賴與病人的晤談及生理評量
來決定問題的起因及解決方式；凱普蘭博士（Dr. Helen Singer
Kaplan）後來擴展了他們初始的研究，更加聚焦於表層問題，
只在特殊時候才需更深入的進入問題底層。

　　到了1974年，有超過3千個機構提供性諮商給需要的人。
馬斯特斯與瓊森在1978年開設了馬斯特斯瓊森機構（The
Masters and Johnson Institute），經營成效卓著，性治療在當
時是如此的新潮與刺激，以致於案主名單居然還包括一些名
人，如著名的電視劇女主角芭芭拉伊登（Barbara Eden），和
阿拉巴馬州州長喬治瓦里斯（George Wallace）。

　　重要且值得記住的是，最早的研究是始於1950年代後期，
一個充滿性壓抑且有性角色標準的時代，且持續到60年代，這
是充滿著自由戀愛與開放的10年。現今的性治療一直在演進
中，許多治療師依賴馬斯特斯與瓊森所建立的基本架構，也有

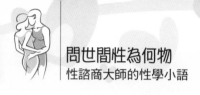

一些治療師採取不同的方法。

　　一個正在改變的文化會影響性議題如何發展，諸如網路的誕生及媒體對性議題的描述等，都造成了今日性問題將如何被看待。

性治療都做些什麼？

　　性治療可以幫助提升許多議題，不論是生理或情緒方面，但在決定找性治療師之前必須先去除肇因於生理的疾病。

　　經常被治療的性議題如下：

- 身體意象與自尊議題
- 宗教信仰或價值衝突
- 性導向混淆
- 高潮困難或無高潮
- 勃起功能障礙
- 缺乏性慾
- 由於先前創傷而產生對性的負向態度及恐懼
- 早發性射精
- 性交疼痛
- 性成癮/強迫性自慰
- 有關性操作的壓力和/或焦慮

性治療非僅限於和伴侶間的性議題，其最終目的是要豐富個人的生活經驗，以為性親密與享受做準備。許多伴侶選擇一

起去做性治療，個人治療同樣也很普遍。

一般人對性諮商/治療的迷思

1.**性諮商可以速成**：性疑惑或性知識尋求固然可以在幾次晤談後獲得，但那只是性教育。個人或伴侶間的性功能障礙需自「非性」與「性」的方面深入晤談，促進性溝通，有時還得回家做作業，身體力行；更需要時間練習、反思、檢討，因此性諮商中的「認知改變」及「新行為產生」是無法速成的。

2.**性治療師很會做愛**：性治療師懂性，也瞭解人們的性困擾，這是他/她的專業訓練，並非個人經驗。

3.**性治療是教導案主/病人做愛技巧**：做愛技巧應由伴侶雙方一起來探索研發，進而實做、享受，諮商師可根據他們的抱怨或不滿給予口頭指導或建議，或播放教育的性影片（非A片），從旁解說，而這只是性治療的一部份。

4.**性治療師可以對案主/病人有身體上的碰觸**：為了保護脆弱的案主/病人，也要自我保護，性諮商為談話治療，不得有身體上的碰觸。

5.**性諮商/治療可以替沒有性慾的人變成有性慾**：治療師可評量指出伴侶間性問題的原因，協助伴侶恢復或強化彼此的關係，進而找回性親密，他們的性慾來自對彼此的愛，需要案主/病人自覺，無法由治療師強迫而獲得。

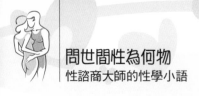
找尋一個好的性治療師必須考慮這些事

1.了解治療師的背景：一定要詢問治療師的教育背景、專業經驗與治療方法，詢問他們有空的時間及診所的前台是如何作業。在諮商前盡量收集這些資訊。

2.考慮你的預算：治療是要花錢的。研究一下會見一位性治療師、性諮商師或精神科醫生的花費與價格差異，要考慮個人預算，每位潛在病人對於要花多少錢都有不同的想法。一開始就選擇一位昂貴的治療師有可能會影響諮商效果，尤其當帳單開始堆疊時。

3.與治療師相處要感覺自在：性諮商/治療將會分享親密的細節，建立一個能夠促進治療歷程的相互關係是非常重要的（有時得靠一點運氣和第一印象）。對於治療師有一種真誠的感覺很重要，因為案主/病人必須要很自在才能坦誠地陳述問題。所謂相處自在還包括個人偏好哪種性別的治療師，如果夫妻一起來晤談，治療師一定要跟得上他們的心思，了解他們是在尋找哪一種治療師。

性治療的基礎

依自己所選擇的治療師，每位病人會有不同的性治療經驗，治療經驗通常依每位治療師個人的實務取向而定。儘管如此，治療還是有其基礎方法：

1.馬斯特斯與瓊森學派：這二人開創了性治療，他們的

許多實務到今天仍在使用。倘若一位治療師是採用這個治療方法，那就會開始詢問有關性史和身體本質的細節等冗長問題，病人會有一位男性及一位女性治療師陪同。治療可能開始於診所或者持續好幾天的工作坊，病人通常需要在治療前做身體檢查，諮商可能相當冗長，也有可能被建議去使用一些技術，如「感官專注」。

2.凱普蘭學派：與前者採用同樣的技術，如談話諮商和心理分析。這個方法更傾向專注於表層因素，除非需要才會進入深層。凱普蘭博士主張許多性議題有其表層的原因，例如病人可能有性問題，僅僅因為他缺乏知識與了解。如果是這樣的話，只要提供訊息和指引就足夠了；如果治療師是採用凱普蘭的方法，醫病一般一週只見1～2次，病人繼續住在家裡，不需要住在性治療診所。

3.PLISSIT模式學派：PLISSIT是許可（Permission）、有限的資訊（Limited Information）、特殊建議（Specific Suggestions）、密集治療（Intensive Therapy）的字母首字縮寫，此方法是靠四個經過特別設計的治療方式，將病人帶入越來越深層的治療歷程。

4.認知治療學派與認知行為治療學派：認知治療是心理治療的一種形式，治療師使用認知治療來改變病人的反應與行為。一個人的信念一再被詢問，認定也一再被挑戰。有個認知治療的例子提到一位受壓力之苦的病人，他一直擔心無法滿足

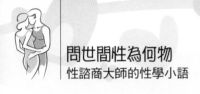
伴侶，此擔心造成壓力和導致早發性射精。這個病人的問題根源在自己的內心，治療師的功能就是去打破這個負面循環，從辨識壓力的根源並逐漸將它釋放。

相信性治療才能有較好的成效

人與人之間的鴻溝，如文化、性別、年齡、宗教等等，本來就難以用一種健康的社交方式彼此連結，遑論身體的連結了。今日的性比從前更可以被看見，從前保守的性觀念也已經改變了。這種看得見的層次建立了我們自己的性標準，通常會提升與性問題有關連的罪惡感、窘迫、焦慮和害怕。性治療在今天比從前更為需要，它使那些一度因窘迫而疏離的人因進入治療歷程而獲得希望。

性治療也可以是令人害怕及混淆的，一般而言，結果端視病人本身是否願意投入治療歷程。如果病人很努力的話則治療可以帶出真實的改變，治療歷程亦視病人自己想要從中獲得什麼，在情緒方面他必須自己願意進入此歷程，帶著開放的心、樂觀的態度、與治療師合作的強烈慾望進入性治療，就會達到最佳效果。

24 無性婚姻與補救之道

　　身體親密在有情愫的關係中，讓伴侶超越了柏拉圖式的友誼。但就是有一些伴侶不論同性或異性戀，常會陷入一種模式或習慣，讓他們的身體親密變成生活中可有可無的事。在婚姻的最初幾年，會有一種「正常」的逐漸淡漠，尤其是當小孩來臨時，婚姻中的身體親密有一段時間幾乎完全消失，通常意味著婚姻困難逐漸形成，此時能將問題提出來討論是很有意義的。

　　缺少了身體親密，立刻就可以區別出浪漫伴侶關係與柏拉圖式的愛情，已婚夫妻變得像室友。如果伴侶雙方對於這種型態的關係可以接受，那就不需要擔心。但在學術研究或現實生活中，經常發現因為失去了身體親密與性，一方或雙方會變得有挫折感或受傷害。

　　無性婚姻的定義是，婚姻中的伴侶只有很少或完全沒有性活動。這種現象形成了婚姻問題時，伴侶/夫妻會迷失在情緒中，開始懷疑對方或對自己沒把握，質疑這到底是什麼原因呢？

並不是只有你正在經歷婚姻中的性缺乏

　　唐納利教授（Prof. Denise A. Donnelly）在《紐約時報》

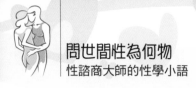

上談到她做無性婚姻的研究，她估計15%的異性戀夫妻在過去6～12個月中與伴侶沒有性生活。婚姻之所以成為無性原因很多，包括健康、生活方式等等，通常可歸納為下列數點：

1.健康問題：身心健康對身體親密之原慾與性慾有重大的影響，它亦會中斷雙方激發的生理歷程，所以治療性問題之前要先注意彼此的健康狀態。

2.性慾不同調：每個人的性慾並非等量，個人的性驅力也會有自然的消長。當雙方不是同時都有性慾時，當然就得等到雙方都有心情時才做愛，也許要等上一段時間，這時負面情緒就會逐漸產生進而影響到感情。

3.小孩誕生：女性通常被醫生忠告生產後至少6～8週不要有性生活，加上生活中增加了照顧嬰兒、身體改變、疲倦及荷爾蒙變化等因素，也會影響女性的性慾。

4.壓力：過多的壓力會破壞健康，壓力的荷爾蒙可體松也會使人降低性慾。除了壓力導致性驅力降低的生理因素之外，壓力的心理影響也會使人覺得疲倦、厭倦、耗損與焦慮，讓人沒有性慾或體力想要做愛。

5.溝通障礙：與伴侶有衝突時要維持親密是有困難的，這時根本就不想跟對方說話，更不用說做愛了。通常造成溝通困難或者不溝通的因素如下：

• 衝突與爭吵：伴侶/夫妻常因歧見引發衝突或爭吵，加上性事不順而各懷鬼胎。

- **負面感覺**：爭吵多了，產生怒氣與敵意，其他負面感覺亦會逐漸衍生。
- **消極性行為**：以拒絕性事來向對方示威或表示懲罰。
- **不忠**：以向外發展來補償自身的不滿，自是心虛而不溝通。
- **權力鬥爭**：伴侶/夫妻爭吵時聲音大、話語毒，愛的感覺不見了。
- **色情瀏覽成癮**：沉迷色情圖影，獲得心理刺激，逃避現實難題。

6.**勃起功能障礙**：這是常見的問題，會影響到男性的焦慮層次、信心及自尊。有這類問題的男性應該趕快去看醫生，因為它可能是健康狀況的一種隱徵。

7.**低性慾**：有時稱為低性慾疾患，是男女雙方都可能面臨的狀況。對女性而言，造成低性慾的因素包括月經週期、使用避孕藥、生育、授乳、子宮切除和更年期。

8.**服藥副作用**：許多藥物有性方面的副作用，有些會造成性功能障礙，包括不需醫生處方的去鼻塞藥劑、一些抗組織胺劑、抗憂鬱劑和高血壓藥。

9.**心理衛生問題**：憂鬱症的症狀包括缺乏體力、失去興趣與樂趣、社交退縮及負面情緒，這些因素都會對人們的性慾和身體親密有所影響。

10.**虐待史**：過往的性虐待會造成長久持續的影響，甚至

影響到目前與將來的感情關係，諸如懼怕、羞慚、創傷後壓力及自我知覺的扭曲，這些情緒反應都會對性生活造成嚴重衝擊。

11.生活議題：

- 無聊：生活公式化，什麼事都無新鮮感，提不起勁，包括行房。
- 疲倦：家務太多，上班太累，身體疲憊。
- 哀傷：親人生病或過逝，或面臨重大打擊。
- 失業：工作難尋，自尊受損。
- 經濟困難：家庭開銷大，無力開源又無法節流。
- 老化：年紀增長，心理頹廢，體力走下坡。
- 身體形象：對自己的身材或長相有自卑感，不想與伴侶有親密相處。

如果伴侶對性不感興趣怎麼辦？

第一步就是去認識低性婚姻的症候，然後決定缺乏性生活是否是婚姻中的問題。你是否認為低性或無性婚姻是個問題，完全取決於你和你的伴侶，並沒有規定夫妻應該要有多少性。更重要的是，在許多情況中，你和你的伴侶是否仍然有身體及情緒方面的親密。

不要去跟別人的婚姻比較，因為每個關係都是獨特的。你可能讀到一些統計數字，讓你覺得你和伴侶的性生活不夠活

躍，研究發現很多夫妻生活在一起並沒有很多性愛。2017年的一項研究發現，超過15%的男性與接近27%的女性表示他們在過去一年中沒有性生活。

以下方式可以幫助你和另一半討論婚姻中的性匱乏：

1.**溝通**：與伴侶談論婚姻中低性或無性的議題可能很困難，但這種溝通是必須的，即使是關係緊密的伴侶也會有性與親密的問題，這並不一定表示你們的伴侶關係薄弱或已出現問題。性的匱乏可能只是意味著你必須多跟伴侶溝通，且要挪出更多兩人相處的時間。如果你需要協助去想出如何跟伴侶溝通的方式，不妨考慮先跟心理衛生專業人員或治療師討論有關如何進入這個主題，重要的是要保持兩人態度正向，不要讓伴侶感覺到被攻擊或被責怪。

每個婚姻都是不同的，你需要與伴侶一起努力找出解決問題的方法。不需符合他人的期待，或者符合你認為「正常」的方式。要談論你們自己想要的、所需求的、所期待的，然後一起努力達成雙方需求。

談話時要針對你有把握雙方都認為你們能重燃性生活的方式進行，只有雙方都願意改變且願意一起努力，才能夠做到真正的改變。

2.**建立親密**：如果你真的想要有更多的性，想要將性放入日常生活中。聽起來很不羅曼蒂克，但如果行之有道便可以引發興奮與特別感。排入日程可讓人有所期盼，也表現出對彼此

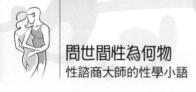
身體有承諾。

　　除性之外，用其他方式來建立在低性和無性關係中失去的親密感也很重要。身體的親密不只有性，努力去創新你的愛，並重溫你們當初愛的火花。

　　情緒及身體親近是健康感情關係中重要的一部分，多花點時間相處，不論兩人是窩在沙發上看電視或者幫對方按摩。要建立親密關係不妨試試以下方法：

- 一起嘗試一種新活動：參加大稻埕走讀、一起去髮廊。
- 一起運動：一同散步、一起學習打網球。
- 排定假期一起出去走走：不論是一天的郊遊或三天兩夜的旅行都好。
- 在家裡「渡假」：把家當成旅館，不做家事叫外賣，以渡假的心情重溫兩人的親密相處。
- 計畫夜晚的約會：每人每週輪流計畫一個夜晚約會。

　　3.尋求協助：向外尋求協助也是個好選項。你可以參加婚姻退修會、工作坊或專題討論會，對於溝通瞭解與感情連結都會有幫助；或是諮詢你的醫生，討論影響你性生活的醫學狀況。個人或伴侶都可以向心理衛生專業人員尋求協助，以促進溝通技巧或學習壓力的管理技巧。

　　如果覺得治療是一個正確方向，不妨考慮去看專注婚姻中性議題的諮商師——有證照的性治療師，他們能和你一起討論任何阻礙你親密關係的問題。利用這些討論，有利於建立一個

更強固、深入的婚姻關係。

當伴侶間失連結發生，親密感就會下滑

　　《性飢餓婚姻》（Sex Starved Marriage）一書的作者大衛絲女士（Michelle Weiner Davis）說明了為何低性婚姻會演變成一個重大問題，「當一方迫切渴望更多的碰觸、身體的親近、更多的性，而另一方卻在想『這有什麼大不了？為什麼你這麼龜毛？』當這個重大的失連結發生了，所有層次的親密就會下滑。」她接著說，由於需求未被滿足而發展出來的傷害，會使伴侶間的聯結消散到使婚姻出現危機。同時，離婚研究認為一些導致婚姻問題最常見的因素包括漸行漸遠、不良溝通、品味差異和財務問題。

　　如果伴侶不同意你們的婚姻是有問題的，且不想要改變，那你就要決定低性或無性婚姻是否成為你的致命傷？千萬不要做出背叛伴侶或不忠的決定，以溝通和探討找出雙方的需求，才有機會重新找回親密感。

25 我該找性治療師嗎？

　　瓦羅莉（Laurie J Watson）是2012年《想要再有性》（Wanting Sex Again）及2015年《已婚且仍在做它》（Married and Still Doing it）兩本暢銷書的作者，她是美國性教育/性諮商/性治療師協會（AASECT）認證的性治療師、演說家及教育家，具有受歡迎的媒體個性，在杜克大學（Duke University）及北卡羅萊納大學（University of Northern Carolina）醫學院講授性、親密與關係（sexuality、intimacy and relationships），她也是北卡羅萊納州拉雷市覺醒-親密與性中心（Awakening-Center for Intimacy and Sexuality in Raleigh, NC）的臨床主任，已執業23年。以下是2012年她在《今日心理》雜誌（Psychology Today）所刊登的文章，文句簡明易懂，闡明性治療為何物，並說出一般人的擔心，整篇文章都在分享自己的經驗和感想，對於一般民眾及有興趣進入性諮商、性治療的諮商/臨床心理師，能提供啟發、學習及鼓勵，以下將原文〈我該找性治療師嗎？〉（Should We See a Sex Therapist？）做翻譯，與大家分享。

性治療是傳統心理治療的一支

　　「性治療師會建議三人行來替我們的性生活加味」、「我

必須揭露過去的性史給配偶」、「我會因為對性知道得太少而感到羞愧」、「性治療師會有一些奇怪的花招」等,都是人們對性治療的常見疑慮。而「我真不能相信自己居然拖了這麼久才來求助!」是做過性治療的案主最常說的一句話,其次是當他們看到我的諮商室,「喔,看起來像一間客廳嘛。」;再來就是,「我以前不知道這些感覺都是正常的。」我在想,人們害怕進到一間好像是婦產科診所與色情酒吧結合的「性治療室」,事實上,根本就沒有檢查、裸體,當然更沒有碰觸。性治療是傳統心理治療的一支,而且只是「談話治療」(talk therapy)。

要知道,並非只有你才有性問題,媒體將性渲染成既輕鬆又火熱,讓每個人——除了你以外,看起來都能身經百戰享受歡愉。其實每個人都會有性困難,有時候是容易修復的,年輕的新婚夫妻則會有性調適的問題;有幼童的夫妻經常是精疲力竭,無法以性愛為優先,導致吵架並產生失落感;年長夫妻則因忍受男女更年期及長久以來關係積怨而停止了性愛。

然而,性治療究竟是怎麼一回事,單純的談話又如何能幫助你的性生活?要糟到什麼情形才應該去找性專家協談?

1.**性治療幫助伴侶/夫妻討論性**。性治療師談性時很自在,但大多數人只要碰到性話題還是沒辦法暢所欲言。女性不會與閨密談論自己如何重燃性慾,男性也不會問同性朋友如何讓女人高潮。絕大多數醫生未曾在醫學院受過一天的性治療

訓練，即使是婦產科與泌尿科醫師。他們對身體的治療很在行，但碰到性問題也總是受限於自己的經驗。有些性治療師明顯的覺察到案主們彼此間或向一位近乎陌生的人談論親密主題時呈現的焦慮感，治療師必須幫助案主放輕鬆，並引導他們自在地說出問題。

2.性治療讓問題真實呈現。伴侶/夫妻自己無法解決這些親密議題，是因為失望、受傷、生氣、積怨、指控、壓抑和經常的爭吵，很可能已經阻隔了原本最需要的討論與溝通。許多本來很會處理問題的人拖到互動模式已出現危機才來求助，徒增問題的複雜性。案主們經常告訴我，他們等了許多年，有些甚至從醫師手中拿到我的名片過了許久才來約時間協談。焦慮是他們不求助的頭號理由，對承認並面對問題和發現他們彼此不相容的恐懼是如此的強大，以至於他們一拖再拖，感覺一天比一天無望。

當伴侶/夫妻來到我的辦公室，第一件我想知道的事就是：什麼事在傷害他們。協談從他們填好的數張表格開始，再與他們的口述做比較，有時會在隨後做個別晤談。私下晤談會問案主的性史及關係史，以及童年時期、父母婚姻狀況，父母直接/間接所教導的性，然後與案主一起擬定治療計畫。我通常不會直接建議案主回家去完成探索身體的作業（一定要在自己家的隱蔽處），但有時我會給他們作業，包括要討論的事情及要閱讀的文件。

3.治療師帶來希望。身為性治療師12年、治療性問題的婚姻治療師24年，看過數千對伴侶/夫妻，我很少遭遇普通伴侶的問題是我感到無法解決的；有時伴侶在性生活方面也會存在極大的差異，但也多能妥協。然而性治療也擔心一方不肯屈服於另一方的需求，尤其當感到自己放棄太多的時候，這種情況無可避免會危害婚姻的未來發展。

4.性治療師治療哪些問題（problems）？在我實務中最常見的兩大問題是伴侶間的性慾低落與不同調，我的著作《想要再有性》就是在處理第一個問題。沒有高潮的女性及太快射精的男性是最容易解決的問題；勃起功能障礙和射精太慢是常見的其他男性問題；乳癌與攝護腺癌倖存者也應該接受強制性治療，做為他們恢復正常生活的一部分。其他如：技巧問題、口交、對不同性動作的不愉快感覺、色情問題、性生活了無生趣、無法激發、無法告訴伴侶要刷牙、壓抑、疑似成癮及戀物癖等，也都是上門找性治療師常見的理由。

5.性治療需要多久時間？

不同層次的性問題有不同的治療時間：

- **純粹性方面的問題**：例如，不知如何達到性高潮的年輕女性通常只要兩次或更少的晤談，未達積怨之前的早發性射精也很容易處理。若你有無法向人啟齒的問題趕快尋求協助，有些案主我只談了一次就解除了他們一生的擔心與疑問，諸如「想到性是正常的嗎？」、「陰莖彎

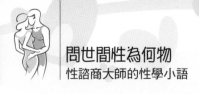
曲是正常的嗎？」

- 糾結在關係中的性問題：有太多前來找我的夫妻，他們的性問題深深糾結在彼此的權力鬥爭之中，性成了一個完美的戰場，來達到某一方在婚姻或伴侶關係中想得到的自主性。這種情況至少需要6個月的時間，因為還要加上婚姻治療。

- 創傷、童年忽視或虐待史、不善與人連結：肇因於這些議題的性問題可能需要好幾年來處理，但並非每個受到傷害的人都需要幾年的時間才能擁有快樂的性生活，端視施虐者是誰、持續多久，以及是否有暴力涉入。性感覺的不存在經常是一種防衛模式，受害者原本的需要隨著童年時對人的不信任而埋葬了，這通常需要較長的治療時期。

6.我的性治療師是基督徒嗎？許多治療師或其他心理治療師不談論他們的個人生活或鼓吹宗教信仰。我是不會這樣做的，如果我覺得我的例子與治療有關，我會提供個人資訊。看事情有許多不同的面向，即使是在相似的信仰傳統之內。在實務中，我牢記對於道德議題的敏感性，且要先試著去了解案主基於文化或信仰中根深蒂固的想法。我甚至也會指出沒有道理的信仰或文化的想法，例如基本教義派基督徒伴侶們堅信結婚才能有初夜，這樣會保證性生活一路美好。一旦不順利、痛苦或平淡，他們就感覺被上帝遺棄。

　　有時候質疑他們的假設可再度強化其信心，當我指出非常單純的伴侶一結婚就可以有美滿的性，其實是一個不合邏輯的結論。絕大多數的婚姻治療師/性治療師不會建議在婚姻之外尋求性。基於此點，倘若你的伴侶有婚外情或想要開放的婚姻，治療師可能不會譴責他「不道德」，而是會試著探究當事人腦中所想及他們所處關係中的各種驅使力量（driving forces）。性治療師並非法官或裁判，且治療目標是以雙方都能感覺到仍保有各自的信仰、自我及家庭的完整性來幫助伴侶/夫妻處理看起來迥然不同的性差異。

　　7.跟性治療師談論性時引起興奮怎麼辦？大部分的性治療師在親和與專業之間保持平衡，使得談論性很自在，超出你的想像。性治療師很清楚親密談話會對一些人產生性興奮，他們有自己的方法來看清案主的議題，並將自身與議題區隔開來。案主感到性興奮或對治療師有性幻想是常見的，如果剛好是當下要討論的議題，案主能更深切地瞭解與他們有關的問題。性治療師經常會碰到這種情形，他們都有堅定的倫理界線，不會與案主發生性關係，因此這個議題可以理性地被討論，而不是隨之起舞。再次聲明，性治療絕不包括與治療師有性接觸。

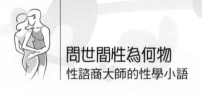
26 性治療中的完形實驗

　　性治療的發展與性疾患的概念化早在1960年之前就始於心理分析的基礎，而後在1966～1970年之間隨著馬斯特斯和瓊森（Masters & Johnson）所呈現的特殊行為治療技術之發展而盛行。奠基於這些學派，海倫凱普蘭（Helen Singer Kaplan）在1974年出版的《新性治療》（The New Sex Therapy）一書中整合這兩大運動。1970年代，其他治療性疾患的技術相繼出現，包括完形、理情和人本治療。1960～1970年代的性革命加速了性治療的豐富發展，範圍包括聚焦於為偏離「正常」性反應的疾病，到針對改進所有人們性活動的治療。

　　諮商優而性諮商，性諮商/性治療是結合諮商與性學，除了一些特殊的性諮商/性治療技術外，本來就是基於心理學各學派的理論，並依案主狀況及性治療師的個人經驗，將各學派的諮商技術應用在案主身上。由於現代的性治療多以精神分析學派為基礎，認知行為學派為主，其中包括艾里士（Albert Ellis）的理情行為治療法和陸扎勒斯（Arnold Lazarus）的多重模式行為治療，甚少有性治療中應用培爾斯（Fritz Pearls）完形治療法的資訊或文獻。

　　其實在那個時代有一位心理學家莫雪（Donald L

Mosher）主張有性功能障礙的伴侶/夫妻是因為關係處在僵局中（impasse），性的自然歷程被干擾了，需要經由實驗（experimentation）來找出新的解決方法。完形實驗是可應用於性治療的一個主要形式，他闡釋以完形的理論基礎發展性心理技術，使助人的專業人員對性疾患和性功能失調有更概念化、更清楚的了解，也因而促進改善臨床實務。

性疾患的概念化

　　一直以來所缺乏、經由完形學派補足的，是對案主前來治療的不同因素的瞭解。有時案主的情緒受衝擊，當他專注於性的症狀時治療就卡住（stuck）了。莫雪聲稱，當個人面對性問題時通常會病急亂投醫或者根本逃避，性功能障礙接著就出現了。因此對性問題的回應要聚焦於問題本身，而非原本激發案主前來尋求治療的症狀。對性問題的回應常造成伴侶案主卡在一個需要修復的僵局（impasse）中。

　　性事被視為一種考驗，而非一個充滿探討興奮時機的享受時刻，性經驗因個人的害怕和痛苦的經驗而蒙上雜亂色彩。莫雪主張以一種安全但急迫的狀態（in a safe but urgent manner），真實地接近此情境，個人就會獲得洞察而得到可執行的新解決方式。治療的焦點在於繞過特殊的症狀，將案主們放在一個實驗的情境中，他們就會被迫去想出新的解決辦法，然後開始產生行動。

完形學派和行為學派及行為分析學派的基本差異在於性教育和資訊只能對一些個人有所助益的概念，完形治療師主張只有經由區辨和實驗（discrimination and experimentation），個人才能發現哪些資訊和專家意見真正適合他們，莫雪認為大多數性功能障礙是先前負面經驗的結果，必須由治療師引導，經由一連串的實驗，針對先前的經驗下功夫，先前的經驗是不可以被忽視的。

從實驗中找出最佳解決方案

治療師要求案主描述他們猶如夢魘一般的負向性經驗或性症狀，性隱喻的運用及視性功能障礙為夢魘就是完形夢境治療，並非去解析夢境，而是把夢境帶到現實生活中使之重現，此時夢已不被當成過去的事，而是要在現在表現出來，做夢的人或許正是夢境中的一部分。

對於夢境的處理方式：展現夢境，回憶夢境裡的自己和伴侶、性經驗及心情，然後將自己變成夢境中的每一部分，盡量去表現夢境，並引出對話，案主於是能逐漸覺察到自己情感表現的根源。治療師的責任就是覺察發生於所描述的故事中干擾成功的因素，治療師會向案主提問，並鼓勵他們發展出對夢魘中每一部分可取代的解決方式，案主就會在其性交會（sexual encounter）的情緒反應中變得較有主見、較為肯定，也就是說，案主必須「走出過去，才能活在現在」。

性治療完形實驗中的一個主要特徵，就是在練習家庭性作業（sex homework）時要創造一個「安全的急迫性」（safe emergency）。成功的性交是可以發生的，如果案主懷有一種急迫感進入性經驗，而此急迫性正可促進發展新的解決辦法。

在急迫感和保證案主安全性與操作焦慮防範之間求取平衡是很重要的，涉及這些改變的風險會由性治療師監察。一個實驗（an experiment）即是治療成功的一個機會，採取一個較低性交會風險的步驟，而非一腳踏進未知的世界。例如，一位害怕性交的「冷感」女性，她的丈夫必須被教導，只能有性碰觸，而不能有任何性交的可能性發生。

治療師就是在這樣有趣味且創意的環境，經由對實驗的模式及方法的熟悉，使得治療師的創意油然而生。案主沉浸在全新的經驗中，他們就能從中找出新的意義。莫雪聲稱完形實驗是一個創造性的機會、發明和發現，或者是因為尋找而形成一個新的意義（a new meaning），而在這之前問題為無解或無意義（impasse and meaninglessness）。

總之，完形治療在於解決問題，並以實驗為策略來改善案主的性經驗。

27 感官專注讓人重溫 碰觸的愉悅

對許多人而言，性反應的困難或問題反映出他們身體的活動已經被個人意識的、目標導向的想法入侵了，以致產生操作焦慮。本來是單純的自在享受，變成了有心理壓力，而感官專注（sensate focus）即是一種技術，用來幫助伴侶們學習享受純粹碰觸的愉悅。

感官專注是1960年代馬斯特斯與瓊森發展出來的技術，形成性功能障礙治療的基礎，性治療師認為此方法很有效力且一直在使用它。1980年代起，因馬斯特斯與瓊森停止最受歡迎的週末專題課程，使感官專注技術的訓練出現斷層。然而感官專注一直被重視，許多治療師自他們的書籍、文章/文獻中鑽研學習，也代代相傳，至今仍是性治療使用的深度技術。

感官專注有四個步驟，大致如下：

1.非性器官的愉悅，亦即自己或伴侶雙方穿著舒服的衣著，自己或兩者互相碰觸。

2.自己或和伴侶在性器官與胸部做溫柔的碰觸。

3.伴侶/夫妻被鼓勵從事「沒有衝刺的接合」，亦即准許插入，但不得有動作。

4.夫妻/伴侶可以插入及性交。

知易行難，這四個步驟的進行需要時間練習。在夫妻/伴侶們回家做作業之前，必須要被詳細的教導如何進行，並討論其可行性。

性治療的目標為回到性的自然狀態

性治療的目標是教導人們如何脫離有意識的、目標導向的心志，回到性的自然狀態。在極端重視意圖（例如達到高潮）及拼命表現（例如展現雄風）的文化中，性就是無論你多努力也不見得會滿意的事情。

性反應其實就是關閉意識，讓身體自己去感受，設法摒棄人們常存於心的評量、期待及判斷，才不會阻礙了自然反應。性治療的另一個目的是教育，經由治療讓人們去探索自己的身體，並與伴侶溝通這些發現與感受，最後能降低性壓抑，提升真實美好經驗之可能性。

對於有更複雜個人歷程的夫妻/伴侶，比如在原生家庭中的情緒虐待，或仍在進行的具有強烈衝突的關係，則初始目標是感官專注用在他們身上之前，治療師必須幫他們處理臥房之外易有影響的障礙。感官專注當然仍是聚焦點，但夫妻/伴侶還是得先學習一般的溝通技巧及關係技術。

感官專注不只是治療技術而已，它可提供在經由晤談的現實情境中無法獲得的寶貴診斷資訊。感官專注可以個人或與伴

侶一起施行，以提升身體的覺察和自在、建立信任和情緒親近，對於需要的伴侶（們）放慢互動的速度、提高性慾，以及當性困難含有社會心理因素時，感官專注可做為治療性擔心的基礎。

感官專注就是有關碰觸，而碰觸是最主要的感官感覺和需求。小孩做的第一件事就是經由好奇而去碰觸，年輕成人的碰觸則伴隨著性，且渴望有更多的性接觸。人們需要重新學習碰觸的重要性，用心去碰觸，重新體驗碰觸的感官感覺，沒有壓力地喜歡它、被它激發，或同時亦激發了伴侶，創造自己或兩者的新連結。當有意識的心志離開了身體，身體本身就能反應，帶動一觸即發的性能量。

練習感官專注可改善伴侶的身體親密感

伴侶們需要學習如何聚焦於碰觸的感官感覺，以處理干擾性興趣或性反應的負面思考。「我的身體會有反應嗎？」、「我的伴侶會喜歡我這樣做嗎？」如果這樣想，要專注於導向性反應的感官碰觸感覺是很困難的，要學著進入自己的身體，聚焦於身體的體驗，關閉沒有助益的雜念與分心，這就是神奇配方！

當性加入時，碰觸就不可能成為性活動純粹的前奏，碰觸在此時就會伴隨著壓力，無所求的碰觸態度就需要重新學習了。

　　性功能障礙是很常見的心理困擾，男性約有10%～50%，女性則是25%～60%。而性問題可分為三種類型：1.與醫藥有關；2.與情緒心理有關；3.兩者皆有之。有時不易區分彼此是否相關，但不論成因如何，使用感官專注技術可證明各個因素間是否互為干擾。例如，有一位案主做了兩次攝護腺癌手術，第一次手術後他可以恢復勃起，但第二次手術後卻無法再重振雄風。看起來像是醫學引發的勃起功能障礙，然而，使用感官專注碰觸的建議，伴隨性幻想及關係治療，他的性功能恢復了。很明顯地，這是社會心理因素造成的問題，即便純粹是醫學方面的成因，性治療和感官專注可幫助人們發現自己已經擁有的，而不是聚焦於所失去的。

　　感官專注的使用是多面向的，即使用在沒有性困難但想要加深親密連結的伴侶身上。改善他們的身體親密感，臥房之外一些小小的不愉快通常可以被中和掉，在做過碰觸練習後，多數人感覺與伴侶更親近，且希望能獲得更多的親密關係。當然也有案主陳述在碰觸前有點害怕與擔心，但之後覺得很放鬆，且與伴侶重新有情緒連結。沒有壓力的碰觸及被碰觸，亦即不需為任何人做任何事，經常會在腦中產生感覺愉悅的化學物質，有助提升夫妻/伴侶的整體性滿意度。

28 「性成癮」是不是病？

　　2010年高球名將老虎伍茲（Tiger Woods）的婚外情是世界大新聞，八卦傳聞甚多，性成癮症的話題被掀起，一般民眾討論，心理衛生專業人員也紛紛表示意見，「性成癮」到底是不是一種疾患，意見分歧。

　　維基百科對「性成癮」的定義是：一種不顧負面影響而強迫性參與活動，特別是性交狀態。性成癮者無法控制自己的性慾、性行為或性想法，相關或同義症狀包括性慾亢進（色情狂和色慾狂）、性愛妄想、唐璜綜合症和性偏離相關障礙。

界定性行為是否正常的界線一直在變動

　　羅安（Shari Roan）是一位退休的醫學作家，她替《洛杉磯時報》寫有關醫學健康的文章逾20年，她有4本有關科學或醫學主題的著作。2010年3月1日她在《洛杉磯時報》發表一篇時事文章，綜合一些臨床治療師與研究者的意見，探討「性成癮」的成因及對個人和社會的影響，具有學術意味又是人間寫實，值得一讀。以下為全文翻譯：

　　老虎伍茲最近坦承他的多起婚外情，並說他正在接受治療。大衛道秋倪（David Duchovny）在電視影集

〈Californication〉中飾演一位性著迷的教授，在2008年接受治療。平斯基博士（Drew Pinsky）已開始主持一個探討這個主題的實境電視節目。

現在似乎到處都有談論性成癮的節目，但心理衛生專家對於這種行為的的成因則意見分歧。美國精神疾病協會曾提議將性慾失控列入新版精神診斷與統計手冊DSM-V的診斷項目，但不像強迫性賭博雖然也被列入DSM-V成癮症，而所提議的診斷項目——性慾亢進疾患（hypersexual disorder），由於無法將問題歸類而暫不視為一種成癮症，這是有原因的。

「如果我們視它為一種疾患，我們卻不清楚這個疾患到底是何物？」明尼蘇達大學家庭醫學與社區健康教授麥可邁勒（Michael Miner）勸告DSM-V的性疾患小組委員，「現在根本就沒有大家同意的名稱，研究如今還只是在起步階段。」

治療師所描述極端性行為出現的模式人言人殊，到底是成癮症還是強迫性妄想疾患的一型，或是其他精神病的症狀，比如憂鬱症。專家們界定性行為是否正常的界線長久以來一直在變動，有些行為如戀童癖，舉世皆認為不正常，列入DSM已有數十年之久；同性戀被認為不正常，但幾十年前才從DSM名單中剔除。

治療師認為病患（大多為男性）的問題是由於重複性性行為所造成的，這些行為不論是與自願的成人、色情刊物/影片或網路色情有關，他們認為將之歸為性慾過度名單的時

候未到。「我心中毫不懷疑這種情況是存在的，而且非常嚴重。」，哈佛大學精神科臨床副教授卡夫卡博士（Dr. Martin P. Kafka），他也是DSM-V性疾患小組成員，他說，「絕對有男人沉溺於色情刊物/影片或沉迷於與自願的成人發生性行為，這樣的男人或許有多重婚外情或慣於召妓。這些行為將造成不良的後果，包括離婚、懷孕，及性傳染病。」

有些研究顯示性慾亢進行為患者真的非常像成癮症，與強迫性賭博患者或強迫性購物狂一樣，同樣是喪失控制力。舉例說明，在1997年針對53位自我診斷為性成癮者所做的一項康復療程調查報告顯示，他們絕大多數（98%）有三種以上的戒斷症候，94%無法控制自己的行為，92%花比他們所預期更多的時間從事性行為。再者，針對性成癮者設計的篩選測試也顯示可以明確確認有藥物濫用的問題，這意味兩者疾患現象類似。

某些情緒或精神症狀會造成不可控的性行為

近幾年有好幾個以成癮模式為基礎的性成癮治療中心成立，包括密西西比海地斯堡的松樹林（Pine Grove in Hattiesburg, Miss.），盛傳是老虎伍茲就醫的中心。12步驟療程常做為藥物濫交戒斷的基礎，已成為這類機構的主要方案。不過他們可能做得不夠好，卡夫卡說，由於並未解決生活中的其他問題，許多有性慾亢進行為的患者在12步驟療程後復發，他認為某些情緒心境或精神病症狀會造成性行為的不可控

和不正常。

在印地安那大學所屬專攻性、性別及生育主題研究的金賽機構（Kinsey Institute），研究人員在2004年針對31名自我診斷為性成癮者所做的研究發現，大部份成癮者當身處憂鬱或焦慮情境狀態時，對性的需求會顯著增強。此種爆衝似的性行為或許與腦部化學變化有關，比如血清素，有些科學家就認為當人們經歷情緒失控，濃度變化就會產生，這些化學成份的變化或許可以幫助他們解除性壓抑。

邁勒教授和他的同事在一項針對8位有強迫性性行為的男性患者與對照組比較的研究發現，性慾高張的男性其性衝動指數通常也較高。在精神病學研究期刊有一篇報告，是為數不多的檢驗這些患者腦部生理機能的研究之一。報告指出，男性性慾亢進行為患者在其腦部額葉區有不尋常的活動，然而此種模式與診斷和其他神經衝動控制問題的模式並不吻合。

亞利桑那州威肯堡的密道斯治療中心（Meadows Treatment Center in Wickenburg）性疾患課程負責人莫琳肯楠（Maureen Canning）就有另外一套理論。根據傳聞的經驗，她認為孩提時受創，比如遭受性侵或目睹性行為，會妨礙其正常發展，從而促使他們在成人階段演化出性慾亢進行為。「當這些小孩逐漸長大，他們變得沉迷於矯正這些創傷。」肯楠說，她也是2008年出版的《性慾、憤怒、愛情：解析性成癮和邁向健康的親密關係之路》一書的作者。

　　試圖去瞭解究竟是什麼造成跨越好奇心而成為性慾亢進行為，是制定有效治療方法的核心，卡夫卡說僅有少數人從事這方面的研究。而同時也有一些坦率直言的評論家對性慾亢進行為到底是不是一種疾患持懷疑態度，他們據理反對創造一個標籤去烙印一個人，或給原本徹底不對的行為一個藉口。對於「試圖立法制定在人們被標示有精神疾病前可享受多少性愛的一群精神病治療師團體」，這不啻是一記警鐘，西北大學文學教授藍因（Christopher Lane）、也是2007年出版評論精神健康專業人員對構成不正常行為有無窮點子的作者，藍因教授認為急於將一些偏差行為歸類為可治療疾病，某種程度是基於商業利益之驅使，因此治療中心就因應而生，醫藥工業則提供藥物治療。

　　越界的性行為因不同文化而異，這句話所指為何，邁勒教授說，「性在美國是非常奇怪的事，我們一方面可能是世上有多重性關係的社會之一，但同時也是道德嚴格的國度。」他說，「你不免要奇怪，如果老虎伍茲是法國的高爾夫球星，那這一切會不會就沒什麼大不了？」

29 性治療師最常用來幫助案主改變觀念的10項忠告

　　絕大多數人因談戀愛而進入性愛經驗，那種身體糾纏肌膚緊貼的感覺有多激盪，兩體接合的飽實舒適是多麼難以控制，蠕動與衝刺帶來難以言喻的刺激與愉悅，即使完事了還是暈淘淘的，兩三天都被這種顫慄全身的美妙縈繞著，這就是性愛的歡愉。只是曾幾何時，這種感覺消失了，明明是一樣的伴侶，也有性慾的衝動，做起來就是不一樣，到底是自己還是對方出了問題？或者雙方都太習慣彼此了？但問題是花招可以變，伴侶卻不能換人啊！

　　也有許多夫妻/伴侶憧憬「完美的」性愛，就像電影裡俊男美女飢渴上床，翻雲覆雨獲得高潮後滿足地躺在床上，一絲頭髮也沒亂掉。當然，他們追求的是好萊塢式的性愛，一點也不真實。

對自己及伴侶有合理的期待，性生活就會更令人滿意

　　現實生活中，性可能是令人困惑、感到混亂，甚至是失望的。人們可能會害怕與心愛的人有性愛、因未能經常做愛而感到挫折，或者太焦慮自己是否表現不好，有些案主到性治療診

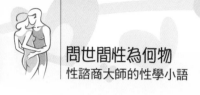

所求助時甚至還帶點怒氣。其實這都是正常的，期待未獲得實現當然會有挫折感。伴侶們因此而各懷鬼胎、冷嘲熱諷或逃避談論，一段時間後，他們已經忘記要如何溝通了，其中一方或雙方盼望能回到從前，只好抱著希望至診所尋求專業協助。

如何擁有美好的性愛？以下是性治療師最常用來幫助案主改變觀念、產生新行為的10項忠告。

1.運用你的感官：運用你的五種感官專注全身的感覺，丟棄基於操作的心流，採取以愉悅為本的方式全心感受，如此可降低大多數人對性有不合理期待時所產生的性壓力，這種練習可幫助你學習消除來自人們必須瞭解所有性親密事情的信念的恐懼。

2.擴展你對性的定義→嘗試身體交：性不只是陰莖/陰道交而已，不妨嘗試身體交，亦即身體每個部位的互相碰觸，可以包括任何形式的深度接吻、感官/感覺碰觸和激情按摩、使用震盪器或其他性玩具。探討身體愉悅的範圍是達到高潮的關鍵。

3.瞭解彼此的性愛語言：當性愛互動在臥房卡住了，就必須依賴你的力量來突破。當你的需求沒有被滿足，變得想要責怪、生氣甚至逃避是很容易的，但不要就此不再有親密互動了，而是要找時間瞭解彼此對性愛的觀點，共同找出解決方法。

當一個人覺得沒有被瞭解、被欣賞，他就會抱怨，試著

用伴侶的語言，學習表達你的愛（不論是經由送大小禮物、身體的情感，或者把垃圾拿出去倒），你就已經創造了性親密的基礎。

4.避免拿現在的伴侶與過去的性伴侶做比較：沒有人想要被比較，比較很容易產生不必要的無安全感與怨恨，相反的，縱情於彼此，讓所做的每件事都有興奮感，創造新的回憶！排定約會的夜晚，傳達身為伴侶的你重視相處時間的規劃，如創造一個不同以往的親密假期。

5.做個偵探：保持對自己和伴侶身體的好奇！執行你對拓展性活力的知覺與練習。所有這些都能幫助你更具備條件去教導伴侶如何觸碰你！

6.瞭解你自己的限制：當你能認識自己的動機，以及你可以有多少時間、能量和資源去專注在自己與伴侶身上時，你的壓力就會開始變小，能更自如地去創造你想要的性生活。

7.具有童心：說真的，性不需要如此嚴肅，不妨讓兩個人像孩子般天真地玩在一起。

8.就是要親密：安排時間給自己和伴侶，不要過多安排自己從事不相關的活動，要繼續維持愛情的火花，你必須每星期至少保留1個小時來探索彼此的身體，並縱情於成人遊戲。

9.放下手機，好好睡覺：要讓身體覺得更自在、更有能量在臥房裡探索新遊戲，你一定要充分休息。晚上就不要滑手機了，保留每天的第一及最後一個小時給彼此重新加油、再連

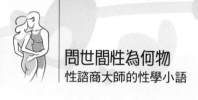
結，並且體驗性愉悅。

10.事情要有輕重緩急之分：要創造更多性親密的機會，不要在一天內排滿很多事情，要安排休息、放鬆和從事性活動的時間。你需要在性激發時讓血液流到性器官，所以必須保持運動，這對增加性愉悅是很重要的。不僅如此，運動能提升情緒，還能增加胺多酚，這兩者都是促進性慾的必需成分。

請牢記以上十點，對性不要有挫折感或害怕，用心且耐心在家練習，慢慢就能感覺在性方面、關係方面和你自己本身都更有能力。當我們對自己及伴侶在需求及喜好方面設定了具現實感的期待，並能坦誠相對，那我們就可以擁有更令人滿意的性生活了。

第四篇

性解惑

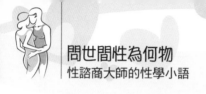

30 因自我身體形象衍生的性危機

「我的身材毫不火辣，肉多且下垂，很像歐巴桑，可是我的阿娜答總是鬥志高昂，雖然我也很享受，但心理自卑極了，不知有沒有媽媽有同感？」

「生完老大後，下半身變大了，總覺得先生一爬上來就碰到我的肚子，我騙他說懶得起來開燈，其實是只敢在黑暗中裸裎相見，唉，見光死啊！」

「先生很喜歡洗鴛鴦浴，只是產後我胸部縮水，肚子像袋鼠，拗不過他再三要求乃關燈洗澡，害得他差點摔倒，此後再也沒一起洗澡了，我覺得好對不起他喔！」

「男友喜歡苗條長髮類型的女孩，為了他我只好挨餓少吃，也一直保持長髮過肩，每天打扮得像20歲的少女。其實我已經30歲了，剛升部門主管，想改變造型又怕他不高興，怎麼辦？」

「男友工作的環境女性居多，算命的說他有靜態桃花，最近他們公司來了兩位波霸同事，男友笑說每天眼睛吃冰淇淋，我表姊勸我去隆乳，可是聽說還沒生小孩就隆乳以後哺乳會有問題，我是隆也擔心、不隆也擔心，怎麼辦啊！」

性自我接納的最大阻礙就是對身體形象不自信

以上的案例是許多輕熟女在網路上分享的擔心，或者是我演講完女聽眾私下的詢問。是的，對許多女性而言，性自我接納的最大阻礙就是身體不自在，也就是自我形象議題之存在。正如性治療師/性教練布利登博士（Patti Britton PH.）在《不要讓床冷掉——如何成為一位性教練》一書中提到，「女性痛恨自己在鏡子裡反映出來的體態，感覺太瘦或太胖，希望鏡中的妳看起來像任何人，只要不是自己就好，甚至從來不想要開燈與伴侶做愛……」

說到關燈做愛就想到一個真實案例，某次與學校同事A女聊天，她欲言又止，扯了好半天才說出最近為了一件事很不開心。原來她晚婚，生了頭胎後忙於照顧嬰兒，沒時間梳理自己，又因缺乏運動腹部收不回去，她自此袋鼠腹，有點自卑。雖然做完月子子宮也恢復正常，她還是不敢和先生行房，先生順著她，但要求回到生產前洗鴛鴦浴的日子。

A女以各種理由婉拒，又經不起先生的不斷邀約，怕他不高興於是要求關燈洗澡，先生說要不然點蠟燭好了。她只好背著燭光任先生擦背撫摸，先生越來越興奮乃要求A女以手解決。A女生性保守，從未在浴室中幫先生手交，以往都是洗完鴛鴦浴就上床，她覺得很羞恥，肚子大收不回去已經不敢給先生看，還要幫他做這種事，心中充滿焦慮，沒想到丈夫洗完澡後就趴在床上呼呼大睡。

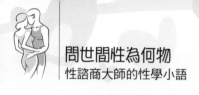
　　這當然是A女的心態問題，但先生缺乏同理心，不瞭解妻子產後身體與心理的變化，於是，看不見卻能感受到的隔閡就產生了。

對身體形象不自信導致缺乏信任感及安全感

　　對自己身體形象不自在的女性自尊低落，自卑感重，在關係中缺乏信任感及安全感，為了怕失去伴侶，不是順從其在性方面的要求，就是完全拒絕。兩人之間幾乎沒有坦承開放的性溝通，使性成為禁忌話題，然而也有男伴/丈夫被「你到底愛不愛我？」的問句問到不耐煩，因此增加伴侶的憂心且造成惡性循環。

　　對身體不自在的擔心因人而異，綜合性諮商案例中最常見的原因如下：

　　1.孩童時期便承受與性有關的羞慚、罪惡與害怕：小女孩時期及青春期遭受父母或手足同儕對她外型或身體方面的持久負面批評或外在猥褻，害怕及不愉快放在心中不敢也不好向人開口，久而久之對身體部位或整體感到自卑、對性壓抑，變得不愛自己的身體形象。

　　2.忽視自己的身體及性：一些女孩成長於象牙塔中，父母從未與她談身體的發展、自然慾望與感覺，只是自己道聽塗說收集到零星的「性知識」，以為女性一定要性感美麗，不能取悅男性是自己不夠好，很少會尊重自己的身體，正視自己對身

體的感覺，以此來探索情慾的愉悅。

3.錯誤的理想化女性身體形象：各式商業廣告及影視圈圖文報導經常呈現女性半裸的照片，誘惑的姿態並強調姣好面貌及傲人三圍，尤其凸顯罩杯尺寸，造成許多女性自卑，使得化妝品、內衣專櫃商品暢銷，甚至整形專科生意大為興隆。

拋掉不良自我意識

人，不分男女，都希望有滿意的感情關係與性生活，女人尤其要靠自己來建立自信心，所謂「女為己容」，而不是「女為悅己者容」，因為臉龐再美麗、乳房再波霸，初看可能驚豔或印象深刻，但看久了都一樣，不再新奇。女人得先愛自己，為自己打扮，為自己活，才能無懼無慮地與男伴建立平等、和諧、融洽的感情性愛生活，所以請記住以下兩大原則：

1.現實檢視與自我接納：每個人長得都不一樣，上天賦予我們生命與身體就是要我們好好愛它、好好享受它。胸部大小功能都相同，影視明星傲人身材是千挑萬選或人工整出來的，不足羨慕，體重增加、身材變形是隨著年齡而改變的，只要不過度，請接納自己。但不妨也將此視為警訊，要注意飲食、適當運動，再加上「三分天生，七分打扮」，平日可稍微妝扮、淡妝，並穿上能遮掩缺點的合宜衣著。對自己有信心後，無論白天或晚上、浴室或臥房、裸體或穿衣，妳都會覺得自在而不是自卑。

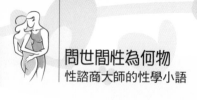
2.做妳自己並表達感情：了解自己的需求、順著自己的感覺才是做自己，沒有自我的女性因缺乏自信才會擔心男伴跑掉，其實男女相愛必然有其互相吸引之處，認識並欣賞自己的優點，就如同男伴/丈夫欣賞自己一樣，有心事或心中充滿情感時當然是向最親密的伴侶表達，當伴侶感受到女伴的真誠無保留，他的熱情就會被激起，兩人就比較容易進入狀況。

因此，只要拋掉不良自我意識，融入兩人的相處，專注在彼此身上，則不論是洗鴛鴦浴或做愛，才能有情趣與愉悅。當雙方有感情，兩體接觸纏綿時情慾自然高昇、有激盪感，要知道，能感受愛情、享受性愛的女人是最美的！

31 對大學生性疑問的反思

　　「從諮商觀點談大學生的性愛」是我經常對大學生演講的題目，講完總會留時間給同學們發問。同樣的演講內容，男女生均有被觸動，但傳上來的紙條中問題卻大不相同，尤其在陰盛陽衰的學校裡，女生大都問個人的感情關係，如純友誼、曖昧之情、異性朋友像哥兒們，為數最多的是不滿男友劈腿或對劈腿行為的擔心；男生就不一樣了，從宏觀的性教育到個人的性疑問以及性別問題，由其問話可以看出他們是真的很想瞭解，但也顯示出對性教育的一知半解，茲將比較具代表性的問題整理分述如下：

1.性教育

- 哪些國家性教育比較開放，比較正確？
- 台灣性教育需要加強哪些部分？
- 為什麼台灣人談到性那麼害羞，外國人就比較開放？
- 新聞報導有個小學生依照性教育手冊在廁所進行性行為，請問性知識應自幾歲開始？
- 家中寵物狗在成年家人面前發生性行為妥當嗎？可能會發生哪些效應？

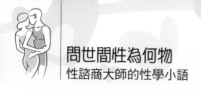

從這些問題反映出大學生渴望學習性知識，但對性的了解卻只限於中學健康教育或來自新聞報導，未能有一套自小到大延續且有系統的性教育，不免對外國的性教育感到好奇，也感嘆台灣社會態度保守、行為開放。

寵物狗發情或交配本是自然的事，旁觀的人應自生殖層面來思考，心想家中不久就會有狗娃兒誕生，然而發問的同學與家人一起目睹寵物的活春宮卻只聚焦性交行為，想到人類的情慾，負向思考自動浮現，覺得看了不該看的東西，才會引發焦慮與尷尬，不知所措，說什麼與不說什麼都不對，甚至還有罪惡感。

其實動物交配這一幕可以是性教育的教材，人與動物的差異就是有思考、有理性、有倫常。狗因生殖本能而發情交媾，不擇地點、不會避孕，人因有愛情有承諾而做愛，且可選擇生或不生小孩。家人一同看見寵物交配宜平常心，相視莞爾即可。

2.性器官

- 如何正確瞭解性器官的狀況，如何保養？
- 人家都說臉大下面較大，可是為什麼我的不到10公分？
- 男生幾歲開始有性經驗比較好？
- 21歲了還是處男以後會不會有什麼問題？

這些與身體器官有關的問題中，最典型的當然是長短粗細

186

及在室的迷思與焦慮。的確，陰莖長短與處男情結很少被討論卻經常被問到，而性器官，包括陰莖、睪丸、龜頭、包皮、尿道口等，因為是身體的一部分，洗澡時會碰觸到，所以也很少被提到，但問話的同學因有性慾而開始注意自己的性器官，想到以後可能會經常使用乃尋求保養之道，問得貼切而寫實。

3.情慾與關係

• 隨著交往時間越長對女友的性慾變低，正常嗎？

• 女友對性愛有罪惡感，該如何解決？

• 有了女友是否就不能自慰？

• 聽說學校有位女生做愛不喜歡戴保險套，我以為只有男生才不愛戴套？

• 學校女生太少乃開始玩交友軟體，與陌生女子發生關係，這樣的心態正常嗎？

• 想請教性愛分離（炮友）的看法？

這些問題的確反映出男生對親密關係的需求及性生理的衝動，不過基本上這些同學都瞭解有愛而後有性才是真正的親密關係，有人身邊沒女友卻尋求性滿足，明知光有性沒有愛無法長久，卻禁不住身體衝動，為了追求性刺激找炮友，心中卻忐忑焦慮，亦產生罪惡感，才會提出來想要知道老師的意見。

女生怕懷孕，這幾乎是兩性的共識，但居然有女生做愛不喜歡戴保險套，拿自己的身體開玩笑，那個與她有親密關係的

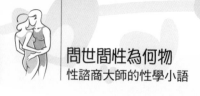
男生一定不愛她，沒有保護她，只是跟她玩玩，還將這種事傳出去，聽聞的同學替這位女生擔心，也很不解，是否是男友不喜歡用，女生順從他，以致寧可冒險而不使用保險套。

已婚夫妻對性也大都只做不談，更何況年輕伴侶即使有了親密關係，也很少交流性觀念，談論性議題，才會有對女生性慾減低的問題及有女友不能自慰的迷思，很明顯地這是雙方的性慾差異，若懂得性溝通，雙方有瞭解有共識，就能一起處理問題而後讓人寬心與安心。

4.人際界線

- 單獨出去玩的男女算是單純朋友關係嗎？
- 男女間真的有純友誼嗎？
- 與女生交往要如何從普通朋友變成有點曖昧？
- 向心儀的女生告白，她說想專注學業，畢業後才考慮交男友，該如何說服她？
- 兩個人在一起一定要有性嗎？柏拉圖式的戀愛可以長久嗎？

這些發問的同學才剛開始要進入兩性人際關係，徘徊於普通朋友、好朋友及曖昧關係中，心中想了一大堆，嘴裡不敢說，也不會聊天，更不要說溝通了。兩性交往在大學階段本來就是人際關係的練習，從交談到分享想法及參與活動，都是在練習及累積經驗。這個階段交友首重真誠及尊重，但雙方得

有相當程度的共識及心靈相通才能往前走，有愛而性也是自然的事，最怕就是心急或一廂情願，一心投入而無法拿捏人際界線，以致失去機會或壞了好事。

當女生向告白的男生說想專心學業，畢業後再考慮交男友，可能是真的，然而聽起來比較像是婉言拒絕，就是「目前不想跟你交往，畢業後就再見了」，而這位發問的同學因為太喜歡她了，專注在自己的憧憬中，以至沒聽出女生的意思，一心想「說服」她成為女友。如果他再死纏爛打，雙方一定連普通朋友都做不成了。

5.性別

• 同性戀是先天還是後天？正常嗎？可以改變嗎？

• 我是男生，如果我的男性好友突然跟我告白，但我喜歡的是女生，該如何面對這段友誼？

• 基督教為何不允許同性戀結婚？

• 如何給同性戀更多的接納？

以上提問可看出這些學子自小到大已被媒體及學校教育教導對同性戀採接納的態度，即使生活中並未有機會接觸到同性戀者，至少他們瞭解到同性戀與異性戀跟你我一樣，可以是同學亦可以是朋友，所以問題中才會出現「朋友」、「友誼」、「接納」等字眼，也因為接納，且是非教徒，同學們才會不明白為何基督教不允許同性戀結婚。只是還是有人以傳統

思維來看待同性戀，以為有希望回歸異性戀，倘若和自己不一樣就是不正常。雖然同性戀者及擁護同志的異性戀者幾年來已經這麼努力在社會上破除人們對同志的迷思及消除恐同症，還是有心態較為保守的年輕人不認識及不了解同性戀。

大學性通識教育應著重提供知識、改變態度、引導觀念

男生在性愛感情方面的想法或疑問本來就不擅表達，在一所陽盛陰衰的大學裡男生能抓住機會勇於發問是好現象。以上所列的問題只是許多問題中的一部分，而且有很多是重複或相似的。這些問題可以提供學生諮商中心工作的參考，也給學校通識教育中心提供開課的新方向，這類課程在一些大學已有開設，只是學生修習的人數不多，頂多也只120人選得上。學校開設這類課程最重要的其實是課程設計，教師得先瞭解學生在性愛感情方面的需求與渴望，再針對其需要提供知識、改變態度及引導觀念，力求貼近現實及實用性。

這讓我有個奇想，就是學生諮商中心除了做行政、辦活動及接案等例行工作外，是否可開放每天1小時諮詢時間，由諮商師輪流值班，讓學生預約，每人20～30分鐘，來詢問任何有關性愛的疑問，當然不是頭痛醫頭、腳痛醫腳，可視其問題大小而是否鼓勵做心理諮商，只是怕這一來案子就接不完了。

32 該怎麼教孩子性教育？

在一次對高中教師的性別平等講座中發現，老師們最困惑的就是不知如何與學生談「性」說「愛」。問他們有沒有給自己的孩子性教育，他們的回答居然是學校的健康教育課程會教。身為父母不以身作則與孩子談「性」說「愛」，如何能教自己的學生性教育？又怎能將責任推給健康教育的老師呢？

從自我價值切入，引導孩子建立正確的性愛感情觀

演講完後有位老師發表感言並提出問題，他感慨現在學生太開放，高中生的偏差行為除了打架外，抽菸、喝酒、吸毒都已進入校園，濫交、懷孕、墮胎則是每年都有的案例。當發生這些事，接著要做的就是補救、善後、矯正而後產生正確行為，這已經有學校諮商師及社會上許多單位在做了，做老師的則應學習如何預防不意欲的行為發生。他舉了一個實例：「高一的A女很活潑，時常和男生打鬧、勾肩搭背，對女生卻不會，比較離譜的是她在打鬧之餘還常一屁股坐在男生大腿上，有些男生抗拒，她就硬擠硬坐，說要看看他們有沒有生理反應。其實她人蠻好的，功課也還好，就是這個行為讓女生們看不順眼，男同學也有怨言，她卻是我行我素。我是男老

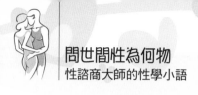
師，不知該如何制止，也不會輔導，只能對她說，『拜託妳有個女生的樣子好嗎？』當然不會有什麼效果，唉，不知該如何矯正她的行為，以免以後發生問題。」

這位老師憂心忡忡是有遠慮的，他擔心男生若起了生理反應就會胡思亂想，也許會對A女有遐想，以致兩人有了性行為，當然他更擔心A女此舉會招惹一些不必要的麻煩。身為班導師自然是關心及愛護學生，他可以請A女到辦公室私下會談，先不針對此行為教訓或責備，而是廣泛地談她在校的生活及人際情形，深入瞭解她的個性，多給予關心及鼓勵，一定要讓她覺得老師是真誠的，才能建立信任感與流暢的師生關係，如此一來才好進入人際界限的議題及她可能有的個人問題，如別人的身體不可隨便碰觸及自己的身體也不可讓人隨便碰觸，以及她到底在想些什麼等，然後再鼓勵她去輔導中心找諮商心理師談談性愛感情的議題，因為A女可能缺乏正確的性愛感情觀，只憑道聽塗說，她以與男生打鬧及坐在男生腿上來吸引男生的注意，或者她是真有生理需求，以這些行為來抒發慾望，內心深處也渴望交到男友。此時的她以自我為中心，不會想到他人的眼光及感受，等到別人對她已到了不能忍受的地步，她就會被譏諷或排擠，使得自尊心受損，人際關係也就更差。

因此諮商心理師宜小心翼翼地在建立關係後進入A女的內心世界，瞭解她對愛情的憧憬及情慾的需求，從她的自我價值切入，引導她建立正確的性愛感情觀，並提升自我概念，

強化「只有先尊重自己、尊重他人，別人才會尊重妳、喜愛妳」，促進她的自我成長。A女的家庭背景也是重要關鍵，若她來自不正常、不健康的家庭，父母的關心及教育都不夠，那只有靠老師及諮商心理師，以愛心及引導來拯救一個在成長過程中徬徨的少女。

請教諮商心理師如何與孩子談性說愛

演講結束後有位女老師私下詢問自己家裡的事：「我兒子8歲，跟爸爸感情很好，經常追跑打鬧，只是每次打鬧他都作勢要抓爸爸的下體，老爸不甘示弱也摸回去，兒子閃躲不及也被摸到。這種戲碼經常在家裡上演，我制止他爸無效，只好訓兒子，那個部位很重要，不可隨便亂摸，尤其他還是小孩，若傷到怎麼辦？沒想到兒子不領情、不受教，還說『我以後去當太監好了』，真是把我氣死了，請問我要如何制止這種行為？」

孩子才8歲，對太監一詞似懂非懂，對自己身體的器官也沒概念，媽媽只是一味地禁止與訓示，爸爸卻還是跟他打鬧，他會覺得很奇怪與矛盾，何況小孩子玩心重，一旦瘋起來完全忘記媽媽的訓誡，同樣的動作又出手，然後媽媽依舊生氣，她關心的議題還是存在。

學校有諮商心理師，不要因為是同事而不好意思去問，這位老師媽媽不敢說出性器官的正確名稱——陰莖及陰囊，以

「下體」通稱，平日也未和丈夫溝通「家庭性教育」的重要性，只是叫嚷與禁止，自己卻擔心不已。她可以在請教諮商心理師的過程中學習如何邀請丈夫一起跟孩子談性說愛，兩人商量措辭，態度要合作，口氣一致，不妨自身體器官談起，每個器官都有它的功能及脆弱性，要如何保護及照顧可逐一說明，也聽聽孩子的意見或發問。

談到性器官時要使用正確名稱並強調其隱私性，身體髮膚受之父母，不可輕易損毀，要愛惜身體的各部位，不隨便讓人碰，也要尊重他人，即使是爸爸的身體。當然爸爸得先道歉，父子打鬧慣了，其實是不應該碰來碰去，尤其是摸一摸彼此的陰莖，所以父子一起來修正打鬧行為，還是少鬧不打，換個較佳的互動方式。

很多人對「太監」的看法是「假男人」，因為他們的陰囊與陰莖被割除，失去生殖能力，雄風不再，然而太監的性別仍是男性，仍有情慾，只是不能以一般的做愛方式享受性歡愉，歷史上也傳出不少太監與冷宮妃子的戀情。既然孩子開玩笑不經意地提到太監一詞，老師媽媽就得以他聽得懂的語言跟他解釋，太監是古代宮中的人物，其實是很不人道對待貼身下人的方式，小孩最好不要開玩笑說自己要當太監，而且陰莖若因打鬧受傷，與割除陰莖陰囊完全是兩回事。這就是機會性教育，藉機灌輸孩子正確的觀念與常識。

親子溝通無礙，課堂及課後談性就可以更坦然

另一位女老師也湊上來說要問有關她孩子的行為：「我兒子6歲，在家裡有時會玩弄自己的小雞雞，我曾打他小手制止，他會立刻停止，但下次又照做。我曾想過給他冰淇淋轉移他的注意力，但又怕這樣做反而增強他的自摸行為，不知如何是好？」

這位老師媽媽的擔心是自然的，但她自身充滿傳統的迷思：1.不敢說陰莖，以「小雞雞」代替，有如在對她小孩說話；2.身體各處都可以摸，就是不能碰陰莖；3.處罰（打小手）可以消除不意欲的行為，但她想要處理的方式是合乎邏輯的，因她學過學習理論，擔心在孩子自摸時給冰淇淋會增強他的行為。

其實她不需太驚慌，小孩有探索自己身體的本能，會摸摸自己身體的部位，有時也會去碰觸父母的身體，小孩也常對自己尿尿的地方感到好奇，用手觸摸也會有感覺，難免會玩起來。媽媽不必視此行為骯髒可怕，宜避免以處罰來制止，而是以非獎勵方式來轉移他的注意力，如「弟弟，你好像長高了，來，站起來讓媽媽看看」、「你手臂上被蚊子叮了一個包，來，媽媽幫你擦藥」，或者「電視出現哆啦A夢了，快來看啊！」等等，並不是忽視此行為，而是讓孩子停止此行為，不處罰也不鼓勵，等過一陣子他的行為就會消失了。

　　三位老師的提問中，第一位公開發問提到班上的現象/困擾，其他兩位則是擔心自己孩子的行為，不好意思當眾啟口乃私下詢問，由此可知，只要跟性有關的大小事，老師也好，父母也罷，都有疑惑、掙扎，不知如何處理。如果大人們先就看到的現象加以批判，讓負面思考帶出負面情緒，就更難與學生/孩子們溝通了。

　　健康教育課是課綱的一部分，當然很重要，不光是知識的傳授也是情感的引導，但家庭性教育是性教育的重要基礎，老師們也是為人父母，心教言教身教都同樣重要，平日在家適時給孩子機會性教育，讓他們覺得此話題是可以說的，孩子有疑問就會提問，親子間溝通無礙後，老師在課堂及課後也就可以坦然與學生談「性」說「愛」了。

33 不忠是現代夫妻的流行病

　　心靈工坊於2010出版了《走出外遇風暴》（After the Affairs）中譯本，於2011年出版了《教我如何原諒你》（How can I forgive you？）中譯本，作者均為史普林博士（Dr. Janis Abrahms Spring），她因這兩本書入選「美好人生書獎」的最佳新書作者，尤其《走出外遇風暴》（筆者的推薦序附於書中）在13個國家出版，銷售超過55萬冊，有「外遇療癒終極聖經」的美名。

　　史普林博士是以療癒外遇痛苦為終生工作的婚姻治療師，也是耶魯大學心理系臨床督導，以其臨床診療技巧之豐富與原創性聞名，是信任、親密、寬恕等課題的知名專家，在全美媒體已風雲叱吒30年，也就是俗稱的「外遇專家」。史普林博士推測辛勤工作且時間緊張的人們，可能會覺得生活有所欠缺，以致婚外情就像一種在向你招手的放鬆，一個能讓人隨性享受的地方。

外遇不光是肉體出軌，也是對信任的背叛

　　長居美國東岸西港鎮（Westport）的治療師說，她的許多病人都很氣希拉蕊柯林頓，感覺她太容易寬恕自己的丈夫。她

197

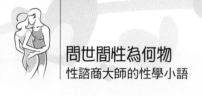

們覺得希拉蕊向女性投射出一個訊息，就是為了小孩而保持婚姻是崇高的。史普林博士說，「她們覺得她真是一個有傷害性的模範。」

史普林博士經常在很多場合向病人或聽眾討論通姦（adultery）及外遇後重建信任的議題。以下是她最常談到的一些概念：

1.不貞/不忠（infidelity）有多普遍？

對配偶不貞/不忠的調查數字非常不可靠，但視方法學與定義的不同，比例可以從10%～90%，最可信賴的研究是來自一本叫做《性在美國》（Sex in America）的書。作者羅艾德（Edward Lohman）陳述15%的女性與25%的男性都有婚外情，他的數據顯示，有一位被晤談者居然只有19歲，這位19歲已婚女性說她不會有婚外情，有人會相信這個保證嗎？而自此書數據的中間範圍來看，20%的女性和37%的男性承認他們有婚外情，也就是說每2.7對夫妻中就有1對有婚外情。這本書中的數字之所以低估，是因為婚外情的定義只放在性交而已，其實網路戀情的數目是非常巨大的。

2.談虛擬戀愛算通姦嗎？

婚外情不光是性而已，也是秘密和信任的違反。如果你發現伴侶每天花好幾個小時在聊天室與其他人有親密對話，你會覺得被背叛嗎？史普林博士認為這是一種婚外情，因為它是一個秘密，且是對信任的違反。

3.為什麼人們會有婚外情？它會在生命中某個特殊時間發生嗎？

　　史普林博士不認為婚外情會在任何特殊的人生階段或以任何特別的形式發生，有一些外在壓力源一定會使人們的生活失去平衡，有可能是小孩誕生，使得女性覺得自己沒有吸引力，且生活中有一些失落，例如放棄一個很好的工作在家帶小孩；或者丈夫覺得他的重要性被小孩取代了，面對冷落他的妻子讓他不想做愛；也有可能是事業如日中天。

　　一直以來，很多華爾街白領因為成功而變得目中無人、自我膨脹，且覺得自己想要什麼就可以得到；或者某人可能因失業或破產而覺得日子過得不順心；或者你馬上就要50歲了，因為你父親早逝，所以你覺得自己沒幾年好活了；也可能你的小孩已經進入青春期，開始交男女朋友，所以你覺得漸漸要失去他們了。

4.對愛滋病的懼怕會讓外遇事件減少嗎？

　　史普林博士的觀點是，婚外情是不合法的偷情，禁忌卻熾熱，浪漫的愛情總是令人陶醉，當事人深信不疑那就是真愛。他們認為婚外情應驗了他們的禱告，實現了他們心中的期望，也彌補了過去的傷害。史普林博士認為人們是中了婚外情和浪漫之愛的埋伏，為一個認識不深的對象放棄一切，卻不想解釋自己的行為，這是非常不負責任且輕率的行為。

5.宗教信仰能阻止人們發生婚外情嗎？

　　宗教就像其他外在的限制令一樣，無法防止人們發生婚

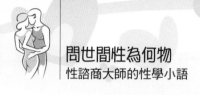

外情。許多偉大的宗教領袖都曾經是慈悲為懷的大善人，規定、機構、罪惡感和戒律無法使人們遵守信仰。

6.美國前總統柯林頓曾向大眾告白懺悔，他有贏回民心嗎？

美國人民都認為總統應該道歉，柯林頓如果想繼續當總統，當然就得符合美國大眾的要求。他當年的告白其實不是出於真心懺悔，而是顧問團告訴他一定要這麼做才能自保。他的懺悔其實毫不誠懇且麻木不仁，並非真正的悔悟。他說了這樣的話，「要承認這件事情我覺得很糟糕」，聽起來他不是真心為他所做的事道歉。

7.每個有通姦行為的人都可以被原諒嗎？

家庭中父母同心來教養小孩是很重要的，讓犯錯的一方回到父母聯盟，一起關愛小孩，大人們所學到、所獲得的會比他們互相恨對方更有益處。請參看雅康絲（Constance Ahrons）寫的《良好的離婚》（The Good Divorce）一書，書中較多強調家庭價值。

8.有過婚外情的人可能再犯嗎？

人們結婚時總希望與伴侶一直到老，但即使是美好婚姻中的好伴侶也有可能發生婚外情。單一伴侶是人們信仰的美好價值，當然要灌輸小孩這種觀念，但人有時候也會犯錯，從沒想到自己會有婚外情，覺得非常羞慚。有這種信念的人就不會再犯錯。

從外遇和它所帶來的傷害中學習與成長

多數人都不是伴侶關係的專家，他們對在健康且持續伴侶關係中所發生的夢想幻滅往往沒有心理準備。如果有一天我們醒來，覺得對伴侶很失望，就很容易責怪對方，自己卻不知道為什麼這麼做。此時如果正好有個平日仰慕的對象靠近身邊，就很容易讓人想暫時離開婚姻，沉入全新的感覺中。

從婚外情或任何考驗中我們可以學到太多教訓，父母能藉機會教導孩子，大人經常會犯一些可怕的錯誤，以致去傷害身邊所愛的人。每個當事人都可以從外遇和它所帶來的傷害中學到很多，也可因此而做得更好並從中成長，勇敢的看著自己不美麗的部分，就可以真正了解愛與親密的意義，並與伴侶建立比從前更緊密的關係。

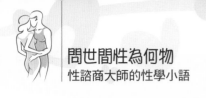
34 外遇後怎麼修復伴侶關係？

當你的伴侶在婚姻關係中欺騙了你，你要怎麼辦？或者如果你就是步出婚姻關係的那位？不忠/不貞是否意味著一切都結束了？或者，你如何將諸事回歸平衡狀態，並療癒你們的關係？甚至將它放在比從前更佳的位置？

外遇後的關係修復必須夫妻共同合作

史普林博士（Dr. Janis Abrahms Spring）是舉世聞名的資深婚姻諮商師，專精於人們出軌的主題，及如何在外遇風暴後的關係修復。她著作等身，每本書都充滿富洞察的相關資訊，教導讀者及案主當關係因外遇而遭受影響時該如何處理。以下是她常提到的幾個重要概念。

1.何事造成關係中的不忠/不貞（infidelity）？

不貞/不忠的形成是由夫妻共同賦予的，它不單指性方面，也是秘密、親密和信任的問題，不論基於哪種定義，大多數出軌的一方都知道他們背叛了伴侶。出軌者若感覺不確定是否已跨出界限，一般而言就去想像伴侶在房間望著你的背影，你是否會覺得很不自在，好像他/她在目睹你的所做所為，讓你感到是在做傷害對方的事，且違犯了關係中內隱的信

任感。

2.擬定一個關於私密的約定（Secret policy）

　　不要等到東窗事發，及早向伴侶坦承不貞，在任何狀況或威脅發生前就一起創造出一個有效的策略。雙方談論哪些事是允許做的，哪些是不可以的，兩人觀點如何同調。有些夫妻允許保有某些私人秘密，有些人卻選擇每件事都分享。從現在起在關係中就要主動開始對話！雙方各自努力達到這些協議，不一定是基於害怕的處境，而是採取相親相愛與尊重的一個步驟，邁向堅忍與信任。

　　請注意，夫妻/伴侶對話時別忘了包括虛擬戀情（cyber affairs）在內，當你未真正與另一個人碰觸/約會有造成外遇嗎？何種程度的調情你可以接受？其實並沒有一定的準則。每對夫妻要一起為界線下定義，確保觀念是一致的。

3.人們為何會有婚外情？

　　雖然道歉、重新承諾及回到單一伴侶關係都是出軌後修護的重要步驟，外遇過後最關鍵的任務之一就是去瞭解當初發生外遇的原因。很有可能是多重理由，這就必須要很誠實和深入地面對自己及伴侶，且願意搞清楚自己的脆弱之處。知易行難，這不是很容易或很自在能做到的，但要試著去寫出一份清單，上面寫了各種願意努力改進的因素，且盡量找出對自己、伴侶和關係言行合一之處。請記住，婚外情較少關於伴侶/配偶的吸引力，更多是關於不忠的那一方對自己的

愛戀，以及他們與第三者相處的方式，他們可能會覺得在外
遇關係中被重視、被看見、被喜歡、被意欲，這些都是他們渴
求已久的。

4.責任的程度

　　外遇後的修復必須夫妻共同合作、澄清及重新承諾。一個
碗敲不響，關係中不是單向的付出，也就是受傷的伴侶要花時
間及風險來面對自己，並瞭解自己的脆弱之處如何導致外遇發
生，也願意負責任，這是很重要的。每個伴侶都必須心甘情願
地找出自己在關係中挪出給第三者進入的理由，這是一個清醒
的努力和有挑戰性的歷程。雙方要以熱情與關切來探討，這樣
受傷的伴侶才不會再度受傷。如果夫妻能敞開心懷自外遇事
件學習，並努力創造一個新的開始，過程雖然痛苦，但雙方必
會從中收穫成長與轉變。史普林博士名言，「善意可使傷口復
原！（Willingness leads to recovery！）」

5.與伴侶分享你的擔心與脆弱

　　最能主動且有效避免外遇的方式之一，就是願意冒風險
去與伴侶溝通你的需求與欲望，在對方開始過自己的生活之
前，倘若你覺得你沒被聽到、沒被愛到、有挫折感、失望等
等，去跟你的伴侶說，「我愛你，且想要進入這份愛情，然而
目前的狀態對我是有挑戰性的，也令我容易去找尋別人的注
意。我想要和你一起來看待此事，想出解決之道。」這樣你是
在早早發聲，說出自己的擔心，邀請伴侶加入共同合作與修復

過程，同時也給伴侶一個機會，因此而能改變他的行為。

6.不貞不一定意味著你們的關係終了

　　毫無方法可以預測有外遇的婚姻關係是否能存活，然而有些關鍵問題你可以問自己，也互相詢問：我們願意一起做重建關係所必需的工作嗎？我們是否真的準備好瞭解彼此的傷痛及需求？我們願意去改變對待彼此的方式嗎？我是否願意自此災難中學習並因此成長？如果你選擇留在婚姻中，你將必須且無可避免地去學習成為一個更好的伴侶，那麼你將會與同一個人擁有一個新的婚姻（這次會有新的相處技巧）。

　　不貞通常是對婚姻關係的致命一擊，但它也可能是喚醒的訊號，史普林博士的忠告，「挑戰夫妻去誠實面對導致婚外情的議題，並建立一個較從前更健康、更親密的伴侶關係。」

7.我真能再去愛及信任我的伴侶嗎？

　　這個問句通常就是療癒歷程的開頭，開始就如同走過一堆烏雲，有一陣子你會覺得迷失，也有一陣子你會覺得無法復原。當然也不是每對夫妻/伴侶都有意破鏡重圓，真正做到的只有那些持續走過困難的夫妻，不是搖擺不定或委曲求全，不是趾高氣昂，而是專心且小心翼翼地走過荊棘。即便經過絕望、悲觀、沒有愛的時刻，他們仍繼續堅持住，在人們真正感覺到他們快要重修舊好之時，兩人關係可能要坐上一年半載的雲霄飛車，體會起起落落。

8.小心情緒的理性化（emotional reasoning）！

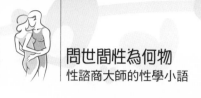
我們的感覺不見得能預測未來，倘若你感覺急切又無望，這並不一定表示毫無希望。如果你感覺有疑慮，不見得是你的伴侶不值得被信任。如果你發現自己非常情緒化就要放慢腳步，花點時間從多方面來看自己的內心，也瞧瞧外邊的狀況。

9.揭露婚外情

再次強調，並無任何準則可幫助你是否/如何告知伴侶你出軌的事。當你在考慮是否要揭露欺瞞行為時，週到體貼是很重要的，而且要記住，你要分享祕密的人是你的親密伴侶，意味著你是置伴侶於暗處，卻持續選擇與第三者有情感連結。向伴侶坦白時你要讓他自己決定想怎麼做。不論你是否向伴侶吐實，你都必須想清楚你為何欺騙，且願意看清自己的內在，並與伴侶分享悲傷和需求，才能使雙方的關係正向成長，並避免後續的摩擦。

10.什麼是「太多資訊」（Too Much Information, TMI）？

身為受傷的一方，你可能有初始本能想要知道伴侶婚外情中的每個細節，但這通常是沒必要的。吸一口氣，然後問自己：知道了對我有什麼好處？知道了能幫助我還是傷害我？倘若某一特殊細節毫無益處，那最好是目前不需知道，因為以後你還會有機會問。仔細檢視自己問問題的動機，可避免不必要的痛苦和傷害，避免那些細節出現在你的夢裡或留在你心中。身為不忠的伴侶，你的責任就是信任對方的提問，儘可能

自他/她詢問的程度去回答問題,且要坦誠以告。

11.將第三者徹底請出你的生活

不論第三者是否仍存在,他/她會持續出現在夫妻的生活與臥房之中,心理上及情緒上都會持續好一段時間,因此外遇過後夫妻療癒的過程中,另一個重要步驟就是與第三者斷絕往來,要有儀式化,且要具體的、真正的斷得一乾二淨,也許這意味著為第三者舉行一個象徵性的告別式,一個正式的結束。

通常不忠的一方會寫給第三者一封信或電子郵件,陳述雙方不再聯絡,要以尊重的口吻、中性的書寫,以免激怒對方,讓受傷的伴侶讀過並討論之後才能寄出去,要知道,透明才是關鍵!

12.信任必須建立在具體行為上

信任不能只建立在口頭上(「親愛的,請相信我!」),而是要與受傷的伴侶溝通,以具體的行為證明他/她現在是安全的,兩人可以自在的相處與連結,而用來幫助重建信任關係的行為與態度清單有一長串,最有效的是夫妻/伴侶間個人化且斬釘截鐵的對話。兩人不妨一起來創造清單!例如第三者傳來訊息或在路上碰見第三者,第一時間立刻告知受傷的一方,也可承認相識的時間地點及與第三者常去的地方,最重要的是讓受傷的伴侶知道,你正在體驗在過去引發逃避的各種負面情緒。

渡過婚外情而重建的關係可以比以前更堅固

　　史普林博士提供了可在關係中正向成長的工具，也確保人們在關係出問題時擁有修護的資訊。或許沒有比不忠/不貞更震撼婚姻關係的事情了，因此不論你是否曾經歷或現在正在經歷，以上12要點對你都是有用的，另外，倘若你正在考慮展開婚外情，不妨停頓一下，花點時間鼓起勇氣，找一個方式直接跟對方討論你們的問題。信不信由你，渡過婚外情而重建的關係可以比以前更堅固，因為兩人可以較以往容易面對面處理事情，且能避免所有來自婚外情的傷害與信任的議題。

35 性的迷思男女有別

女人：性與不性都忐忑

甲女：人家都羨慕我交了帥哥，我卻忐忑不安。他又高又帥，好多女孩喜歡他，　且他交過三個女朋友，經驗豐富，我卻是醜小鴨，不知道他會喜歡我多久？

乙女：他從18歲就交女友，情史豐富經驗老到。昨晚他吻了我，我知道我們很快就會有性關係，我卻只交過一個男友，呆頭鵝不懂情趣。不知能不能配合他？

丙女：跟前兩位男友做愛的感覺是不錯，但分手後也不會想要。現在跟大明的感覺就不同了，他好會撩人，帶給我刺激與衝動，完事後我還想要，回家後還一直回味。我在想，是他天生會做愛，還是經驗豐富磨出來的？我既擔心又興奮。

丁女：前任男友被我拒絕婚前性關係，之後沒多久居然劈腿我同學，害我傷心好久。和現任男友已進展到三壘了，勢必很快會進入全壘打。我不能再拒絕了，但不知道該不該告訴他我還是處女？

男人：傳統成見作祟

甲男：瞧那個女孩上圍豐滿，臀部渾圓，大眼大嘴，好性

感，好騷喔，這種騷貨抱起來不知道有多舒服，在床上該有多銷魂，若能一親芳澤就更好了！

乙男：與女友剛有親密關係沒多久，她好像每次都很享受，也叫得好大聲，外表清純簡單在床上卻像個蕩婦，不知是初嘗性愛感受強烈？還是她平日裝清純，其實經驗老到？

丙男：跟女友做愛真的很舒服很滿足，只是她常意猶未盡還要再來。我們現在是配合得很好，但我擔心她性慾太強，萬一結婚以後需索無度怎麼辦？

丁男：女友認識我之前有個交往6年的男友，我以為她性經驗很豐富，沒想到在床上非常被動，任我擺布。儘管身體很誘人，但缺乏反應，幾次下來我覺得沒趣，希望她不是性冷感！

男尊女卑的意識造就失衡的性迷思

性本來就很神祕又微妙，愛侶們會在動作中享受感官刺激，並產生心理的感受及想法。肉體的刺激會隨著動作結束，但感覺卻久久不散，尤其是不舒服的感覺，不能也不知道如何說出口，乃積壓成疑慮或不安，以致各懷鬼胎。這些想法其實包含很多性愛感情的迷思，且男女有別。

傳統社會男女交往是為了結婚，女生找對象一定要找「四高」男：收入高、年齡（比我）長、教育程度高、身高高，這就讓自己低男人一等了。在性愛方面也是男尊女卑，行房是丈

夫的權利、妻子的義務，都是由男性主導。雖然現代社會提倡男女平等，社會上、工作上、學校裡看起來是這樣，但在家裡或臥房中就不一定了。

家庭中的男女不平權是受原生家庭的影響，臥房中男性至上則是社會傳統在性方面對男性的寬容及對女性的束縛所造成。男人是「茶壺」，可以配幾個茶杯，女人有二心就是不守婦道，因此男性在性方面不論如何對待妻子，女性只能逆來順受照單全收。正因如此，才有了戀愛時最基本的性迷思：「如果妳愛我就給我！」或是「把身體給我才能證明妳對我的愛！」，女生擔心男友不愛她，為了證明自己的愛而獻出身體。

迷思探察：女性缺乏自信更易受擺布

一些年輕女生有了心儀的男友後非常愛他，以至擔心自己不夠好、不夠漂亮，缺乏自信心，再加上本身對性似懂非懂，及因缺乏性愛經驗而心虛，逐漸產生非理性思考，而形成困惑自己的性愛迷思。茲就甲乙丙丁四女的心思分述如下：

甲女的迷思

1.帥哥人人搶著要，我情敵很多。（自設假想敵）

2.醜小鴨配帥哥，戀情難持久。（自貶身價，患得患失）

3.交過越多男/女朋友，性愛感情經驗就越豐富。（量化造成雙方不平衡）

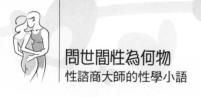
乙女的迷思

　　1.初次交女友的年齡與戀愛經驗成正比。（越早交女友經驗越豐富）

　　2.只交過一個不懂情趣的男友，擔心不能配合經驗豐富的現任男友。（自己沒把握有情趣、怪罪前男友）

丙女的迷思

　　1.男友很會撩人、很會做愛，是天賦異稟。（運氣真好，碰上會做愛的男生）

　　2.男友和很多女人做過愛就是會取悅女人的情場老手。（性愛高手是由許多女性造就而成的）

丁女的迷思

　　1.我不能再拒絕性關係了，以免現任男友也劈腿。（前車之鑑）

　　2.現任男友會在乎我是處女嗎？（處女情結）

迷思探察：男人亂下診斷的心態易致危機

　　大部分男性的想法是從傳統性別角色出發，覺得男性較優越，在性方面是主宰，也就自然產生許多的性愛迷思。以下分就甲乙丙丁四男的心聲解析：

甲男的迷思

1.身材火辣的女人必定很騷、很會做愛。（性幻想與男人對性感女性的刻板印象）

2.女人會叫床、懂得享受性愉悅必是身經百戰。（懷疑女友在床上原形畢露）

乙男的迷思

1.叫床很大聲的女人就是蕩婦。（歧視及男人對性感女性的刻板印象）

2.初嚐性愛的女性應該表現生澀。（男人期望主導）

丙男的迷思

1.男性射精後女性就該停止。（意猶未盡就是好淫）

2.女友性慾強婚後可能需索無度。（想太遠、想太多）

丁男的迷思

1.多年感情歷練，床上功夫應該很棒。（熟能生巧）

2.女友做愛被動、無趣，會不會是性冷感。（亂下診斷）

愛中有溝通，疑心不再生暗鬼

人們通常都從自己的立場來看事情，思維也隨之主觀，且

因為缺乏正確的性知識，對性事道聽塗說或憑想像，不敢開口問張口說，亦不知如何尋求解惑，所以就被一些性迷思帶著走，對性愛不確定，對伴侶無法坦誠，不僅個人深感困擾，也會造成伴侶關係的潛在危機。

以上8位男女的想法都是多餘的，除了性幻想看起來像是正向外，其餘的都會形成擔心、焦慮、不安或失望的心情。其實兩情相悅，除了多了解彼此的個性、生活習慣、平日言行及交友狀況外，彼此的價值觀與合適性才是重點。看起來與性愛無關，其實在彼此的良性互動中，雙方因相知相愛相惜而奠定良好的感情基礎，有信任及安全感，心靈靠近，自然會渴望身體的接觸。在對等的感情付出下兩情繾綣、進入性愛，是種靈肉合一的境界，哪來擔心、懷疑與不安？

伴侶如果認識不久就發生性關係，因為缺乏感情基礎，什麼樣的擔心或疑慮都可能產生。就因為感情好，無話不說，甚至在性愛後枕邊細語時道出彼此好或不好的感覺，讓兩人一起來探索與改進。有了這樣的性溝通，就可避免各懷鬼胎的現象。

36 婚前婚後都困擾，我需要婚姻諮商！

　　人的一生本來就是由無數個小故事串聯而成，很難在兩人身上找到相同的劇本，愛情故事更是色彩繽紛，各有千秋，以顏色來譬喻，可分成紅橙黃綠藍靛紫七原色及各種混色，不同色彩帶給人不同的感受。

晚婚增多，中老年離婚也大有人在

　　以一位快樂的單身女郎為例，她憧憬每次的戀愛都能有粉紅色的浪漫或紅色的激情，在穩定的關係中帶有黃色的柔和及綠色的滿足，因了解而分手時則充滿紫色的智慧及藍色的寧靜加上淡淡的憂鬱。然而感情的事不是一加一等於二，起初交友不慎或中途關係起變化，或在分手時處理不當難以好聚好散時，則深藍的憂鬱、灰色的想法及黑色的心情就會使人欲振乏力，變成另一個人似的。

　　若以階段來區分，感情故事通常包括婚前感情性愛問題、婚姻關係及周邊問題、離寡後感情性愛問題、再婚關係及周邊問題等四大階段，各階段所涵蓋的年齡包含自青春期至老年期的男女。

現代人崇尚自由戀愛與婚姻自主，早婚者不乏其人，但這類婚姻大都問題重重，結婚越久的夫妻也不能保證感情濃度逐年增長，仍有危機。目前各國晚婚的情況年年增加，婚前有感情困擾的人及年齡層日漸擴大，中老年離婚也大有人在。

個人、情侶、夫妻有感情性愛困擾或互動關係出問題，一昧地自責或要求對方改進，甚至任其惡化或者乾脆逃避，抱著船到橋頭自然直的心理，均因個人或雙方缺乏感情危機意識及解決問題共識，心理毫無準備，以為感情困擾不會降臨到自己身上，很少去注意男女人際關係中微妙的變化及細小的關鍵。尤其是女性，婚前對愛情有太多憧憬，為了享受男友追求與陪伴，常誤以為身旁的人就是白馬王子，對愛情產生幻想，老是不顧一切付出身心，卻在往後的交往中嚐到失望與幻滅的苦果。失敗的戀情雖可促進個人成長，但付出的代價有時未免太高了。

已婚女性本著嫁雞隨雞的心理，對丈夫永不放棄希望，對婚姻保有期待，日子在忍受、抱怨、吵架、原諒及期待中度過，白首偕老者當然不在少數，然而打鬧一輩子或以離婚收場或一生被婚姻綑綁的男女，都有日益增多的趨勢。

找機會抒發積壓的情緒會讓心情好一些

感情性愛之困擾及婚姻問題均屬私人煩惱，不足為外人道，更不好意思公開，但有煩惱解決不了又不說出來，只有讓

自己更痛苦，能有機會抒發積壓的情緒會好一些，思想範圍也會變得遼闊些，也許聽從別人的建議，也許自己有所領悟茅塞頓開，而有新的想法與做法。常見處理婚姻問題的方法有以下兩大類：

1.自助：個人或夫妻/伴侶閱讀性愛、感情及婚姻等應用心理學方面的書籍，或者去聽演講及參加座談會，將所接收到的訊息沉澱思考，自我融會貫通或與伴侶討論，因此才有此一說，「你和你的伴侶可以是自己的婚姻諮商師」。

2.尋求專業協助

• 投書報章雜誌專欄是抒發煩惱、分享困難並尋求指引簡潔便利的管道，且因匿名可以將問題從實道來。男女讀者提筆傾訴公開故事請教解答即為專業諮詢，而專欄園地也發揮了社教功能，一舉兩得。

• 個人或夫妻/伴侶一同尋求婚姻/伴侶諮商或家庭治療，當然也包括性諮商，說出來龍去脈，找出問題所在，真心誠意想要改善關係或改變自我，且經過短期諮商歷程與自我努力，才能有改變及收到成效。

做婚姻諮商是為了讓伴侶關係越來越好，願天下有情人都能享受戀愛，也祝婚姻伴侶皆成有情人！

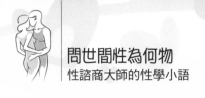
37 錯誤的性愛觀引發一場荒謬鬧劇

不准入港拂袖去 男友被告性侵

（黃XX/XX報導）36歲吳女與32歲黃姓男友透過網路認識交往一年多，約會時女方都只同意讓男友愛撫和口交，今年跨年晚會過後兩人又到賓館約會，這次男友忍不住想達陣，女方喊痛要他縮回外，還不斷問他要不要負責，他一氣之下開車離開，吳女猛撥手機他都不回，女方就到分局告男友性侵。

吳女與黃某認識不久後就經常到汽車旅館約會，但吳女每次都堅持自己是處女，在沒結婚前雙方只能愛撫、口交，所以每次吳女都問黃某會不會負責。

今年跨年晚會，吳、黃相約到市政府西側廣場參加跨年晚會後，黃某又帶吳女到東區虎尾寮某汽車旅館約會，這次黃某實在忍不住了，愛撫後直接達陣，吳女因沒有心理準備，過程中不但喊痛還流血，要求黃某下馬。

黃某見氣氛已失，興趣全無，但喊痛的吳女卻一再問他會不會負責，黃某被問煩了，加上又沒達陣成功，一氣之下開車離開，吳女見男友負氣離開，不斷撥打他的手機，黃某卻是鐵

了心不再接聽電話。

　　獨自留在賓館內的吳女見男友掉頭離去，氣沖沖跑到警局控告男友性侵，警方昨天傳喚黃某到案，他感到莫名其妙，說兩人是男女朋友，發生關係是你情我願，何況當天也沒成功達陣，不過因為女方已提告，警方還是依法將黃某移送法辦。

　　以上新聞轉載自2009年1月的《中國時報》，看似一般常見的社會新聞，仔細閱讀真令性教育工作者啼笑皆非。記者也真厲害，查明來龍去脈，報導生動詳實，短短幾個段落充滿了當事人的性謬誤，原本是情侶的兩人，怎料到關係會以性侵案件收場，到底是用情不夠深，還是兩人本來就是在玩性愛遊戲？

　　30多歲的吳女與黃某當年不是上健康教育時沒認真聽講，就是國中老師的性教育太死板，兩人的互動卡在一堆錯誤的性愛感情觀念裡面。尤其是女生，非常堅持自己的性觀念，男生表面順從，心裡卻不以為然，還想伺機行動。兩人之間只有條件交換沒有溝通，對性各有期待且缺乏共識，當出現衝突被激怒時都失去理性，衝動行事的結果是翻臉成仇，成為永遠的拒絕往來戶。

　　以下將此新聞就不同面相加以說明及分析：

性愛迷思

　　1.愛撫及口交不算性：女方認為自己是處女，堅持結婚前

只能愛撫與口交。難道她不知道愛撫可以是性愛的前奏？口交也是性愛的一部分嗎？她以為可以將界線劃分得很清楚，然而口交一樣會有刺激興奮感，亦能達到高潮。明明享受性愛卻堅稱自己是處女，男方雖同意此堅持，卻時時刻刻想更進一步。

2.**性是有條件且要有承諾的**：女方同意上汽車旅館約會，但只接受愛撫及口交，且每次都耳提面命，以致對話中出現「如果有插入行為，男方會不會負責」，而男方為了親近女友，每次都勉強同意女方的條件，這樣才能有下一次上旅館的機會。其實愛應該是自然且心靈相通，性則必須是雙方同意且有默契的。

3.**傳統的處女情結**：珍視自己是處女、對性行為謹慎本是好事，但女方只在乎插不插入，認為處女膜沒破裂就是處女，其實愛撫和口交經驗豐富的她，只是一個擁有處女膜的假處女，自欺欺人。

4.**婚前有插入行為男方就得負責**：女方一再提醒男方，恩愛時若有插入行為就得負責。「負責」成了她的口頭禪，聽在男方耳裡成了「狼來了」，因此在跨年晚會後心情特high時愛撫後忍不住直接達陣。吳女喊痛並將之推開，衝到嘴邊的問題又是「會不會負責」。兩人一向都是一問一答，卻從未明白溝通「負責」到底是什麼。若有陰道交行為就得結婚，那感情的定位又在哪裡？

5.**性交等於陰道交**：陰道交為傳統認定的性行為沒錯，古代性交以傳宗接代為首要，男歡女愛為次要，而現代性交則以雙方愉悅為上。手交、口交、陰道交及肛交皆為性交方式，為什麼只有陰道交需等到正式結婚後？案例中女方在婚前可以盡情享受愛撫和口交快感，卻唯獨不能有陰道交，是處女情結也是害怕懷孕，但既是成年人為何不避孕，不僅限制自己的性慾且會造成後續引發的問題。

6.**沒有衝刺不算性交？**男方被女方控告性侵感到莫名其妙，他認為發生關係是你情我願，何況也沒成功達陣，何來性侵？他的意思是才插入一下下，並沒有來回衝刺及射精，就因女方喊痛且流血而收槍下馬，怎能算是性交？他並不知道有插入行為就已經算是性交了。

7.**全有或全無的感情觀**：男方達陣未成，不耐被女方逼問乃驅車離去，也不接手機，一心只想脫離不愉快的情境，一年多的感情瞬間拋諸腦後。女方則因男方不接手機認定被拋棄，「既然你不仁，我就不義，告你性侵！」，讓感情關係走向毀滅。其實感情不應該是全有或全無，當事人應該學習忍耐曖昧不明的情況，讓情緒冷靜下來，給自己及對方在關係中學習及成長的空間。

雙方情緒如何影響行為

1.女方原本帶著期待親密的心情想要享受歡愉，約會時

卻一直帶著不安全感，愛撫及口交時仍然會擔心及防衛，而「我會負責」的回答則是她的定心丸，也成為她對男友的信任。只是她並未料到男友在跨年晚會後因親熱過火而失控，感受到插入的痛苦，她錯愕驚慌恐懼，立刻判男友出局，且當場要他「負責」。

2.男方由性興奮及生理高度激發轉為失望、無奈、沮喪，生理無法得到滿足，心理受挫又不受諒解，偏偏又被追問會不會負責，厭煩之心頓時出現，恨不得女友立刻消失，所以只有逃離現場才能稍平復心情，更不要說接她的來電了。

3.女方也期待男友能當場道歉並安撫，並允諾會「負責」，卻是不見人影也不接電話，她感到焦慮、羞愧、害怕及慌亂，被拋棄的念頭一浮現就不甘心，憤怒及報復心高漲，乃跑到警局告男友性侵。男友對此指控感到莫名其妙，但警方依法得移送法辦，他會因此吃上官司並留下紀錄，怎能不沮喪、害怕及生氣？

案例中風險行為的啟示

1.認識未久即上汽車旅館：根據報導，該男女認識不久即經常到汽車旅館約會，表示兩人都渴望身體的接觸。雖說女方堅持維持處女之身至正式結婚，但旅館的環境及親熱的本質均為引誘，沒有預期的行為難以控制，再多規定也容易流於口舌之爭。連案例中吳女都無法逃過一劫，何況有許多女孩原本就

意志不堅，在男友的猛烈攻勢下，往往是嘴巴說不，身體卻是自然地配合。在感情基礎未穩定之前就有高度親密行為，很容易流於只是性的享受，而非愛的溝通及成長。

2.**男生未尊重女生的底線**：約會時要恪守底線，對男生而言是艱難的考驗，但一言既出駟馬難追，既已答應就應遵守。男方在初步達陣後被迫收兵，固然痛苦不悅，但自己不守諾言當然應該道歉，且事情已發生得想辦法善後。當然不是要他下跪道歉或對天發誓一定娶她，而是要解釋自己的衝動，並同理對方的心情，且誠實說出對情慾的渴望與難以控制的衝動。兩人若想繼續走下去，就現實面來溝通才是負責的表現，包括性迷思及底線問題，先有溝通後有了解及共識，才能邁往結婚之路。

3.**一直問「會不會負責」**：這種情形通常會發生在女生身上，性愛並非結婚的保證，也不是愛情的催化劑，如果自己沒把握這份感情關係是相知、相悅、相愛、相惜的，也未準備好要投入性愛行為，就千萬不要為了討好男友而勉強自己去做。感情好雙方自然會考慮結婚，若基礎不足，口頭說會負責也是空談而已。

4.**一方強迫性撥電話，一方故意不回應**：戀愛中有的人很沒安全感，想要跟對方通話時就一定要找到對方，但另一方有可能正在忙或無法接聽手機，撥電話的一方總得替對方設想，給對方一點時間。案例中女方不斷撥打男方手機，要他給個交

代，但在那種情況下，男方因為處在情緒中，不接電話是很自然的事。這一來一往引發女方的報復心，挾怨提出告訴。其實EQ較高的成年人不應做強迫性的撥手機行為，但對方即使不想接聽也必須給個適當回應，例如，「我現在心情很亂不想談，再給你打電話」，對方如果識相就不會再撥電話了。案例中的男方若能有此一小動作，或許就可避免興訟之災了。

5.控告男友性侵：本案例男方因負氣離去，將女方獨自留在旅館房間內且不接手機，女友就告他性侵，這樣的行為是否太過分了？雖說是男友未遵守協議，但在旅館親熱本來就有這種風險，何況情慾是跟隨親熱的程度而高漲，女方應該也可以感覺到男方的意慾。就整件事來說，女方須負一半的責任，性愛之事本來就是有理說不清，她既然如此擔心「處女」之身被破壞，自己就得避免提供犯罪的場域及情境，畢竟兩人是情侶且都是成年人，原本可以培養溝通及化解衝突的能力，卻因EQ不足加上性觀念不正確，而成了原告與被告，哀哉！

案例中男女雙方經歷這些情緒衝突及不愉快的行為經驗的確不堪回首，且多少會影響到下一段感情關係。如果他們能各自檢討，並找諮商師澄清及修正錯誤的性愛感情婚姻觀，未來的情路障礙必然會減少許多。

38 愛之欲其生，惡之欲其死

　　劇作家、詩人及婚姻諮商師都知道，愛恨之間的感情界限並不是那麼地明確，常常是出人意表的，所以他們才能刻劃出如此細膩、複雜的人類情感。生活中有許多伴侶可以在這個星期愛得死去活來，下個星期卻因為吵架、衝突而欲將對方置之死地。不過也有些人對所愛之人的感覺能維持長久，也較少在愛恨兩個情緒間迅速翻轉。當然，這種摯愛和憎惡之間的反覆有可能造就一種起落較大且較為狂野的愛情，布萊德彼特和安潔莉娜裘莉主演的〈史密斯任務〉，片中兩人時而激戰時而性愛的場景就是明證，但這種日子不見得會比較快活！

　　對於為何有些人會身處感情的極端，有些人卻可以接受「沒有人是完美的」這個事實，到目前為止一直未有明確的說法或定論。社會心理學家對有些人的感情關係如坐雲霄飛車提出了一個可能的說法，一項最近的研究揭露，愛恨情仇關係的背後動能就是自助運動（Self-help movement）的原始動力：自尊。

自尊對所有關係都極為重要

　　耶魯大學心理學教授克拉克（Margaret Clark）是這項研

究計畫的主導者，想要探討自尊是否具有驅使一些人以健康的方式整合有關他人正負面資訊的特性，或若是缺少了自尊則會無可避免地形成正負面特徵混淆不清的情況。研究者發現，低自尊的人（以科學量表方式測出）似乎會有「將伴侶正負面資訊分別儲存於不同區域」的現象；換言之，不是將其伴侶、家人或朋友理想化，就是貶抑他們。

這篇刊登於2006年5月《人格與社會心理學》（Journal of Personality and Social Psychology）期刊的論文提及健康的自尊，例如有位太太說：「即使我先生渾然忘了我們的週年紀念日，但當他發覺他的疏忽而對我殷勤表現且頻頻道歉，我看到了他的真誠，也感到被尊重，兩天後我們仍度過一個在外用餐的愉快夜晚。」這就是健康的自尊，而非超乎常人的寬恕能力。

克拉克和她的同事也發現，自尊在所有關係中都極為重要，非僅針對浪漫關係。自尊在許多心理學文章中已被研究多年，不論是針對職場、異文化，或是嚴重的病症如癌症，心理學家們已推論出某種行為模式。杜克（Duke）大學心理學教授賴瑞（Mark Leary）說，「我們越來越清楚地瞭解，自尊的目的或許是協助我們以一種可被接納的方式來做人做事，不論從彼此的關係或從社會認可的角度。」

期刊論文包括七個個別研究，大約有2200人參與其中。研究不僅檢視感情親密的伴侶或配偶，也檢視好友、室友、母

親、子女、朋友的母親等等。在其中兩項研究中，讓參與者坐在電腦前，測試他們對所認識的人有關正面、負面字眼所反應的速度。在測試前，所有參與者都得先做自尊評估測量。

其中一項測試是以10個形容詞（正面、負面各5個，不照順序混搭），針對他們的室友、母親或是朋友的母親測試其反應速度。結果發現，低自尊的人較高自尊的人反應慢，但如果這些形容詞是應用在無生命的物體時，則兩組人的反應速度是一樣的。這意味著低自尊的人只有在他們想到人的時候反應才會出現差異，研究同時也發現，當5個正負面字眼分類集中做測試時，兩組人反應的速度一樣快，這意味低自尊的人對於好壞參差混合一起的認知觀感是較有困難的。

自尊越高的人越有能力看到伴侶的優缺點

克拉克及她的同事假設低自尊的人比較易於評定他們的伴侶是全好或全壞，也比較可能對伴侶的感覺尺度放大無數倍。為了驗證上述的想法，研究者提出一些陳述句，例如「當我生伴侶的氣時，我無法想到他/她的任何優點」，研究者也反問問題，比如：「即使當伴侶做出傷害我的事，我很容易會提醒自己去想到他/她的正面特性」，然後研究者要求參與者評比他們同不同意上述的陳述，結果發現，自尊越高的人越有能力看到伴侶的優點及缺點。

在最後的研究中，173位成人在婚禮前幾週填寫有關他們

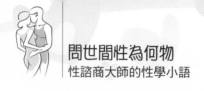
的伴侶關係及自己的問卷，7個月後再讓他們填寫一份連續5天的日記，結果發現：配偶自尊越低者在日記上顯示出較多的焦慮，對婚姻關係的感覺亦有較大起伏。

紐約州石溪（Stony Brook）大學社會心理學家艾榕（Art Aron）表示，「我們以往確實瞭解低自尊的人在人際關係中表現較差，不過並不清楚其原因，此項研究則是原因的一部份。」不過這倒不是說低自尊很容易在他人身上窺見，研究者指出，自信與自尊有很大不同，自信通常是與特定的工作事務有關，自尊則是某人內心對自己的感覺，例如：一個人或許對其運動能力極有自信，卻缺乏自我價值（self-worth）的認同。

克拉克對她主導的研究下了結論，但也提出隱憂，「我認為有高度自尊的人或許可以成為較好的伴侶，但我不確定初次見面或只見幾次面就可評斷一個人的自尊高低。」

這個研究又讓我們回到心理諮商的本質，也就是一個人自我概念的重要性。要知道，與其長大後作心理治療，不如及早預防，建立自尊。父母在家要建立孩子的自信心，不可將孩子們相比或當眾斥責，以免傷其自尊，學校老師也要教導學生尊重每個人的獨特性，接受其優點及缺點，這樣小孩長大後會較有自尊心也較能尊重別人，在建立親情、友情與愛情時就不會有「全有或全無」的極端感情。

39 親密關係中的性溝通與性技巧

　　經由自由戀愛結合的男女，婚姻生活理應很幸福，但婚姻生活問題人仍是層出不窮，不僅離婚率上升，婚姻諮商的需求也日漸增多，反映出現代人婚姻品質其實是參差不齊。現代婚姻通常可歸納為以下五種類型：

　　1.濃情蜜意：夫妻將戀愛伸延到婚姻生活中，彼此仍互相吸引，不時表達情意，且經常有激情與身體接觸，日常生活與性生活滿意度均很高。

　　2.貌合神離：男女均認為只要把配偶及家長的角色扮演好婚姻就會穩定，因此生活中有互動也有性生活，但長年被家庭瑣事及一成不變的性生活牽引，感覺趨於平淡，心靈交流甚少，但彼此都認為有安全感而願安於婚姻中。

　　3.貌合性離：表面上婚姻幸福美滿，一起赴宴或與朋友、同事出遊，也會關心對方、聊天互動，但甚少專注對方的身心，缺少心事及感覺的深入交流，也沒有身體上的渴望與接觸，性生活逐漸減少，尤其到中年頻率更近乎零。

　　4.相敬如賓：傳統婚姻中大男人帶領小女人過生活，男主外女主內，外表看起來配合得當，這種婚姻關係較重視文化期

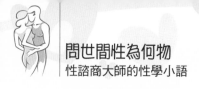

望與社會規範,感情好不好、性生活是否美滿都在其次,一定要撐起婚姻與家庭,外表看起來完整全家人才有面子,自己也才能在大眾及社會上立足。

5.相敬如冰:夫妻個性不合,感情不睦,早就放棄對方,更遑論有性行為,但為了孩子及面子,仍同住一個屋簷下過著有名無實的生活,偶爾還會吵架,在外則我行我素,各過各的性愛感情生活。

當親密感及幽默感消失,疏離感就出現了

上述後四類均屬於婚姻解組的高危險群,表面上擁有一個完整而幸福的家庭,夫妻也都很疼小孩,但夫妻間的疏離感日漸擴大,覺得兩人只是被家庭大小事及孩子們所連結,缺少心靈相通的感覺,能說的都是不關己的事,如印度火車出軌、疫情進展,或者是家庭瑣事,如瓦斯又要漲價或孩子想去美國遊學等,真正要分享心裡及身體感覺的慾念不見了,當然也不會去創造親近的機會。

當親密感及幽默感消失,疏離感就出現了,夫妻住在一個屋簷下,每天跟孩子講不少話,彼此間居然很少坐下來好好聊心事及感覺,怪不得當配偶有外遇時,他/她們給自己的合理化藉口必定是「我和太太/先生沒有話講」,或「我們性生活很差」、「他/她對我很冷漠,我們已經好久沒有行房了。」

雖然有些夫妻感情基礎穩固也深愛對方,即使沒有性生活

或者只有極少性愛，亦即所謂的「無性婚姻」，他們依然很滿足，一方面是雙方正好均無性需求或性需求不高，且生活中有許多共同專注的事物，並能同心協力，因此性愛稀少並不會造成婚姻問題，但有如此共識且能和樂相處的夫妻並不多。性生活不和諧的夫妻關係通常都很平淡，甚至經常吵嘴冷戰，有時雖能床頭吵床尾和，不免心存怨懟，且日積月累，最終對配偶越來越缺乏性趣。

其實性不只是發洩行為，還是一種感情表達與親密表現，光有性沒有愛關係不會持久，因為機械性的動作在經過一段時間後就會產生平淡與倦怠感；反之，光有愛沒有性也不夠完整，真正能滿足雙方的婚姻方式應該是性愛合一，大部分時間感情融洽，有激情也有親密感，就能帶動性生活的活潑與美滿。

良好的婚姻關係必須具備有效的溝通

美國心理學家塔福瑞斯與喬亞瑞特尼（Taivris & Jauyaratne）的研究指出，感到婚姻最幸福的妻子通常認為，夫妻間有一方心裡極度不舒服時一定要讓對方知道，亦即在適度表達情緒後，雙方均保持冷靜，以理智態度一起來解決引起不快的問題或衝突。夫妻間很少或從不使用主動攻擊的方式引起衝突，如發毒誓、大哭大叫、丟東西、打人等，或者被動攻擊的方式，如急速轉身離開房間、不斷啜泣或冷戰等。美國性

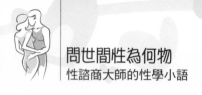
學專家溫茲與凱瑞（Wincze & Carey）在書中指出，丈夫對妻子的喜惡瞭解越多，夫妻的性生活越美滿；美國婚姻研究學者諾克斯（Knox）也認為，夫妻間的小誤會有時會變成極大的憤恨，終致造成婚姻危機，因此，良好的婚姻關係必須具備有效的溝通，亦即有敞開的溝通管道、溝通能力與意願。

婚姻中良好溝通的七大特點

夫妻在性方面也需要有良好的溝通，需經由學習而交換彼此對性的期待與感受，接獲訊息後經思考、討論、再調整動作，並深入瞭解對方的反應與需求。美國心理學家納芙瑞（Navran）在其研究中曾列舉婚姻中良好溝通的七大特點：

1.經常有言語交流：不僅兩人平時有話聊，且話題天南地北，可以是國家大事也可以是風花雪月，最重要的還是要時時關注對方，例如，「下午我們談到春假旅行，我看到妳的眼睛在發亮」、「妳穿上泳衣看起來還是好性感啊！」、「妳剛才說的話很有道理，知我者莫若妻！」夫妻間不要以為相處久了就吝於言詞，不一定是很肉麻的讚美，只要有心，巧妙地表達自己的感受，就可將兩人連結，心裡感覺甜蜜，身體就會想接近對方。午睡小憩或夜晚睡前的枕邊細語亦很重要，彼此細緻分享感受及大小心事，不自覺用手撫摸對方的頭髮、臉或身體各處，也許親親抱抱就能滿足地睡去，或者引發慾念激起熱情，繼而做愛也是順理成章之事。

2.對伴侶的表達表示理解：因生活緊密相連且互相關心，較能知道對方的想法，所以說話時能被正確地接收且給予恰當回應，不是答非所問或顧左右而言他，尤其在性愛方面，絕不能各有想法或心存不悅不敢表達，例如當伴侶的手越來越往下遊走，妳當然知道他是想要做愛，如果自己不想做就應該適時告訴對方：「我知道你很想，可是我今天不太舒服，我們明天再做好不好？」或者也可誠實的告訴對方愛撫不夠，希望他的手在自己身體的敏感部位多停留，讓醞釀情慾的時間拉長些，如「被你觸摸好舒服，如果能加強胸部的撫摸及輕吮乳頭，我可能會更興奮而想做愛，那就太棒了！」

3.談論的話題可廣可深、可大可小：不限國事、工作、家中雜事或家庭目標、人生計畫，兩人散步時可談昨晚纏綿的滿足感，或丈夫因太累而提早射精對太太表示抱歉，承諾週末再大戰三回合等，夜晚上床時話題更可專注於彼此的身體，同時也可談論情慾相關的事，如分享早上聽到的黃色笑話，或者雜誌上看到的一張性感圖片，甚至談個人的性幻想及對性的喜惡，妻子可以問丈夫「你好像對G罩杯很有興趣，有性幻想對不對？」、「你為什麼排斥男對女口交？要不要說來聽聽」，或者丈夫可以問妻子「你好像很厭惡肛交，妳在害怕什麼？」，用邀請回答的方式及口氣來討論某一敏感議題，可以更深入瞭解對方的性觀念。

4.經常保持開放的溝通管道：很多人做愛時不說話，只是

賣力的付出及接受，其實做愛時不妨有一些言語交流，傾吐肉體當下的感受及心靈的渴望，彼此述說及傾聽更能引發刺激、燃燒彼此，讓親密感更濃烈，使性愛獲得最佳效果。例如，「妳舒不舒服？我要妳快樂」、「你喜歡看妳享受的樣子，好愛妳哦！」或「真的好喜歡跟你在一起，喔！我快到了，我們一起到好不好？」等，甜言蜜語並非未婚戀人的專利，婚姻生活及性愛過程更需要添加正向情話以激發熱情，完事後也要擁抱親吻說些親密的話，讓雙方在滿足中睡去。

5.敏銳地去察覺伴侶的感受：伴侶因為很熟悉對方的感覺，應該更能察言觀色；心裡的感受（感到丈夫躍躍欲試或妻子情慾高張）、身體的小動作（妻子上身稍微抖一下，可能是吸吮乳頭弄痛了她），甚至翻身、舉手投足（太累而不是很感性趣）都是訊息傳遞，仔細觀察、用心體會並適度回應，投伴侶所好，讓體貼的言詞及溫暖的肢體動作幫助達到溝通的目的。

6.經常使用有個人意義的語言：每個人表達愛意的方式不同，用詞也不一樣，每個人都有偏好，例如有人以小名稱呼伴侶，也有人喜歡用「甜心」、「蜜糖」、「寶貝」，也可自創暱稱，例如太太傾慕丈夫渾身肌肉稱他為「肉肉」、丈夫因太太很有肉感而叫她「圓圓」，也有人給彼此的性器官取個親暱的小名，如「小根」、「圈圈」、「穴穴」等，亦即對「做愛」用暗語代之，這些不足為外人道的私密用詞可大大增添伴

侶的親密感。

7.經常使用非口語的技巧來輔助溝通：非語言的溝通指的是身體的碰觸，如撫摸、輕撩、親吻等，一個關切、期盼或含情脈脈的眼神都可以觸動對方的心，而手與嘴的接觸之外，身體的輕觸、愛撫與擁抱亦是親密的溝通。柔軟的羽毛、紗巾、塗眼影的小刷子、小海棉棒等都可用來撩撥身體部位，甚至吹氣也能催化身體的激發。在做愛過程中，男女發出喘息聲、輕吟、狂叫或劇烈扭動，也都可以表達對彼此身體的渴望及愛意。

40 年輕世代的性愛感情觀

　　先說個大學生提問的故事：朋友A君聲稱自己是Gay，平時言行舉止也都是Gay，交了很多閨蜜。前段時間把我一女性朋友B給睡了，我問B為什麼跟他睡，她說他倆約好一起旅行，想說他是Gay就省錢睡一個房間，好姊妹嘛。結果晚上A君說他起反應了，第一次對女人產生衝動，想試試看女人。B女當下虛榮心膨脹，覺得自己很有魅力，把Gay都掰直了，於是就跟他做了。但之後A君不回她訊息，看朋友圈他依舊是Gay，跟別的閨蜜打麻將去了，B女覺得有點喜歡上他，想讓我找他問問為啥不回她訊息。我問了A君，沒想到他很乾脆地承認自己是假Gay，已經操了10幾個閨蜜了，有時操完閨蜜送她回家，她老公還說「謝謝，這麼大晚上的，有你在我就放心了。」他勸我也用這個套路，我當然不會，只是不知道如何告訴B女，要說實話，還是說A君對她沒意思？

大學生感情世界充滿複雜性

　　在一個大型演講場合，大學生聽眾對於講題及內容「大學生的親密關係——談愛與性」甚感興趣，在最後20分鐘的發問時間內有很多發問，經由手機軟體傳到主辦單位的電

腦，再投射到銀幕上，非常多樣性，諸如：「男友都不碰我，僅止於拉手，請問他是同性戀嗎？」、「何謂精神出軌？」、「女友是基督徒不肯跟我做愛，我可是活生生的男人啊！」、「在網路上認識男友，但他不肯跟我見面，怎麼辦？」、「約炮可不可以？」等，反映出大學生感情世界的複雜性及對性愛觀的模糊。

上述案例的提問是事後在電子郵件中收到的，主辦單位希望我能幫助這位迷惘的同學，而我也覺得有必要支持這位同學的感情價值觀，進而他可以引導B女認清事實，覺察自己錯誤的性愛感情觀，陪渣男睡了一晚上還念念不忘其人，以為可以發展感情關係，其實是賠了夫人又折兵。

自簡短的詢問/分享案例中，整理出以下現代年輕人的性愛迷思：

1.一般人都認為女生與Gay相處是安全的。

男同志的性別認同當然是男性，他的性導向是同性戀，戀愛的對象也自然是男性，但他們與女性的相處一向和睦，女性與之相處也沒有「性安全」的心理負擔，所以成為閨蜜者眾。不過人畢竟有性慾與性衝動，不論同性或異性，基本上要互相喜歡才會進一步有親密關係，但有時孤男寡女夜晚相處，若一方有性慾另一方也不回絕，即使沒有感情基礎，只要不互相討厭且性慾高漲，衝動突破理智，肉體關係就可能發生了。因此不論婚前婚後，不論同性戀或異性戀朋友，還是小心

為上，不要為了省錢而同睡一室，不到半夜誰也不知道會發生什麼事。

2.Gay對女生產生性慾是因為自己太有魅力了。

　　B女自我感覺良好，兩人同處一室，她以為A君的注意力都在她身上，感受到她的個人特質與性魅力，以為自己有能力把他自同性戀拉到異性戀，「他對我如此著迷，還起了生理反應，我當然不能辜負他的『情意』」，於是就配合行事。」

　　其實A君如果真是Gay，他對女生是不會有興（性）趣的，B女對同性戀認識不清，用異性戀的角度來思考及反應。而她本身對於男女朋友的人際界線也不夠清楚，就算A君生理起反應也是他個人的事。他們只是好朋友，當然有權拒絕，因此除了虛榮心外，B女還有濃濃的好奇心，心想和Gay來個一夜情必定很精采！

3.「先有性，後有愛」是潮流。

　　雙方有好感而約會交往，相知相惜戀情火熱，乃致進入親密關係，如此循序漸進是自然的。然而年輕人喜歡刺激，對性好奇，且喜歡享受性愛，有些人可以性愛分開，如約炮，也有些人可以先有性而後有愛，只見幾次面就上床，初始動機當然是性，感覺舒服愉悅則再約下一次，否則就再見了。雙方如果太專注於性愛動作，身體的親密超前，就會忽視個人特質及情感培養，不容易也不見得會想要進入穩定的戀愛關係。

　　那一夜B女很熱情地與被她「掰直」的渣男做愛，她不知

道渣男是騙女孩身體的炮房高手，還以為兩人情投性合，也以為這個Gay沒交過女朋友，兩人有希望發展感情關係，所以就寫訊息求連繫，卻石沉大海，還拜託朋友探問。由性而愛，她這條情路算是斷了！寫信的同學怕朋友受傷害，所以不敢說實話。

該同學擔心B女知道實情會受傷，寧可說A君對她沒意思，他以為B女懂得感情是不能勉強的，會因此死心。倘若有一天B女發現事情並非如此，必然會覺得同學袒護假Gay朋友而欺騙她，不僅會受傷，也不會再信任這位同學朋友了。

A君大言不慚向詢問的朋友吹噓自己的「豐功偉業」，聽的人嚇了一大跳，怎麼會有這種人，想出這招騙女生上床，震驚之餘就回到自己的價值觀，知道這樣做是不道德的。站在朋友的立場，他應該指責A君不對，勸他做回真正的異性戀，用自己的誠心及魅力與女孩正常交往，不論他能不能聽進去，說了該說的就對得起自己的良心，也對得起朋友了。

B女是許多受害女性中的一位，不知還有多少女生被A君的演技欺騙而獻身，乃至相思而後訊息被拉黑。寫信的同學應向B女揭露假Gay的真面目，一方面安慰B女不值得傷心，一夜情算是上了一課，交朋友及相處還是要謹慎，不妨化悲憤為力量，出面向學校檢舉渣男，只要她登高一呼，必有許多受害女生呼應，相關單位就得處理，渣男必會受到懲罰。

4.為了性愛可以不擇手段。

　　A君的心態是「只要我喜歡，有什麼不可以」，他並非為了愛情不擇手段，只是為了滿足私慾而想出這個爛招，糟蹋單純女孩的身體，非常不道德，曾被女生的男友追打過，卻不懂得引以為戒，不只繼續騙，還得意洋洋向人吹噓。

　　A君的性愛感情價值觀極度扭曲，非但不尊重女性，把「閨蜜」當成洩慾的對象，還樂此不疲，也不尊重同性戀者，偽裝成男同志，欺騙認識的男女朋友，基本上就是以自我為中心，沒一點真誠，稱他人渣一點都不為過，除了法律上的懲戒，他也必須接受長期精神科的人格重建治療，針對人際關係與性愛感情觀加以輔導，同時也要注意他的性慾議題，最終目的是希望他成為一個有正確人生觀與感情觀的年輕人，將其聰明才智發揮在人生的各種考驗上，培養尊重自己也尊重他人的正向人格。

　　現在社會風氣開放，網路上的訊息及直播影片呈現社會百態，年輕人覺得新鮮好玩而受影響，如果沒有正確的性愛感情觀，很容易迷失在情慾中。案例中的A君、B女與牽線的同學都需要再教育，以後才能走上順暢的感情道路。

41 性愛是本能，但也需要學習

有些情場老手經常誇口「冰山美人碰到我都融化了」，「別看她平常那麼兇，只要一到床上就服服貼貼」，也有歡場女子炫耀老客人回籠是因為她會叫床，吹簫技術好。聽起來性愛老手經驗豐富，技巧高超，以至於婚姻中的伴侶會覺得自己見識不廣，閱歷不足，在一對一的關係中不知要如何才能取悅及滿足伴侶。平常根本聽不到做愛技巧的傳授，一旦看到報紙社會新聞或雜誌煽情文章提到有關技巧就偷偷牢記在心，但通常沒勇氣身體力行，有時鼓起勇氣實踐卻得不到對方的回應，使得挫折感湧現，對性愛更沒有信心了。

由心而身而後由身而心，乃至身心合一

其實這些是自我挫敗的思想及行為帶來的不必要干擾，光學技巧其實只是相當機械化的動作，任何與性有關的行為一定要有感情注入，亦即由心而身，而後由身而心，乃至身心合一。以接吻為例，抱住對方，捧起小臉，先碰觸嘴唇，再伸入舌頭，尋找對方舌尖與之纏結，感受滑潤溫熱的激情，同時雙手可在彼此身上游移，貼近並抱緊，感受彼此血液沸騰的體溫與肉體的接觸。如果只是將接吻動作進行分解，則有如士兵

在操練；性愛情趣若只憑個人衝動，對方成了性的引發物及對象，只是一方得到宣洩而已。只有雙方意願與慾望、心靈的貼近、身體的滿足等因素都很自然地投入到接吻中，才能達到熱吻的親密與愉悅。

「前戲」與「後戲」在性愛中佔極重要的地位，愛撫可以不發生性行為，雙方享受身體觸碰的刺激與快感，也是表達愛意的方式；愛撫也可以是前戲，碰觸對方身體各敏感部位，加上地毯式的全身遊走，吹氣或輕撩耳後、頸部，用手輕貼肩膀滑行至胸部加以撫摸把玩，埋首輕吸乳頭，以手指劃圈繞著乳暈觸碰，然後再下行，輕吻肚臍眼，當雙方都達到興奮狀態後則可專攻下半身，腿眼配合、口手並用，彼此感受情慾的充分激發與逐漸高漲，男女皆因此而處於最佳備戰狀態。

「插入」或「被插入」並非說做就做，也需要學習，端視伴侶雙方及個人狀況而定，若丈夫堅挺難耐，妻子卻還不夠濕潤，丈夫可以在重點部位加強愛撫，嘴裡說著挑逗的語言，或者俯身對伴侶口交，引發刺激，增加陰道濕潤，由於丈夫的親近與撩撥，妻子可以舒服地進入狀況。至於抽送時機及技巧亦須夫妻以肢體語言傳達訊息，調整速度及力量，雙方在衝刺及接收之間配合得當，向上提升的快感及漸入佳境的高潮，會帶來擋都擋不住的激盪與滿足。

至於「後戲」，除了愛撫摟抱，還可以分享感覺、表達愛意。雙方在性愛結束後還能感受到情意的延伸，為當次的性行

為劃下句點，在相依偎的安全感滿足感之中休息或睡去。

由此可知，做愛要在天時、地利、人和的狀態下進行，沒有時間及心理壓力，心情放鬆卻充滿激情，慢慢享受，完滿結束。

婚姻/愛情三要素——承諾、親密及激情

性慾與性激發均需要身心獲得刺激，伴侶雙方呈高度激發狀態後，性交才容易達到高潮；女性（尤其是更年期過後）常會因性交時的疼痛而興味索然，甚至逃避，因此性激發、性高潮及性交疼痛是常見的問題，要先看醫生，確定是生理因素、社會心理因素或個人技巧問題。若是個人技巧問題，可經由學習改進，不妨請教泌尿科、婦產科、精神科醫師或性諮商/性治療師，並接受教導。例如女性在產後練習凱格爾運動，提肛縮小腹及陰道，可恢復陰道彈性，還要懂得配合衝刺、感受性交愉悅，才能達到高潮。

伴侶也可閱讀由醫師、教授等專家撰寫的性教育教科書及性愛書籍，互相討論，將所學身體力行，在練習的過程中形成技巧，亦可憑彼此的智慧加以創意改良，豐富兩人的性生活。

承諾、親密及激情是愛情/婚姻的三要素。彼此忠誠、可以信任、有情緒上的安全，即為承諾；生活中互助、尊重、溝通、分享、一起玩樂，即達到親密的程度；而性親密即是激情，即是時時刻刻心中有對方，也常想親近對方。有了這三

個要素,伴侶/夫妻才能密切合作,在性生活中維持並發揮激情,求得最大的歡愉及滿足。

性親密的前提要有正確的觀念及做法

1.將性看成是探索和親近對方的機會,而非一件必須完成的工作。

　　有目標的性要求及表現,很容易造成不恰當及不合宜的自我觀察,損害對方及自己的性反應。性愛沒有對錯可言,純粹是個人的性趣及慰藉。能與伴侶配合,深入探討性愛的奧妙,享受愉悅,過程本身就會產生樂趣。

2.不要猜伴侶想要什麼,或讓對方猜自己要什麼。

　　經常玩猜測遊戲容易引起問題,也許一時猜到覺得彼此心有靈犀,但開放及有效的溝通時時得進行,包括能夠向伴侶說「好」,以及說「不」。也就是說,願意配合的時候要表達意願,不想做愛的時候也要清楚告訴對方。

3.不道聽塗說。

　　坊間許多談論人們該如何配合或有性反應的書籍,不是太簡略就是不正確。把自己的情況與電影情節或別人所說的加以套用,反而會使自己陷入困難,甚至對伴侶產生懷疑。

4.伴侶間如有任何性問題要勇於討論。

　　例如男方有幾次早洩,妻子不要安慰自己,認為他只是一時失誤,如果是連續幾次的早發性射精,男方可能有生理或心

理問題。這些情況通常藉著誠實開放的溝通技巧便可以了解及處理，如果問題還在，則必須共同尋求泌尿科醫師或性治療師的協助。性是兩個人的事，同心尋求協助一起處理問題才能事半功倍。而且，新的問題通常比根深蒂固的問題容易處理，因此絕不要拖延。

性生活不進則退

即使感情很好，但依每對伴侶的身心狀況不同，性生活可以活潑或不活潑，重要的是品質，也就是重質不重量。如果只因彼此有生理需求而做愛，時間一久也會趨於公式化，而且年輕夫妻、中年夫妻及老年夫妻的需求與感覺亦不相同，只要時時刻刻牢記下列六點建議，每對伴侶的性生活都可長久保持親密美好。

1.對做愛的方式經常進行溝通。

很多幾十年的夫妻可以無話不談，但床笫之事卻是禁忌，害羞、遲疑、不願傷及自信或自尊則是雙方不願溝通的主要原因。其實，以正面的態度來看待此項溝通是很重要的。愛撫時什麼部位比較好？力道要重、要輕？單手或雙手？喜歡舌頭的感覺嗎？這些切身的問題如果不談，他怎麼知道妳喜不喜歡？如果只是一些技巧上的小瑕疵，應「邊做邊說」，也就是當場來個「個案討論」，告訴他怎麼做會更好。但如果妳希望他以後不要再做的動作，則不要在做愛當中提出來，最好兩人

約個時間邊聊天邊慢慢帶入主題，藉機達成溝通的目的。

此外，溝通時要以「我」為主詞，盡量不要說「你」。因為以「你」開始的話較容易變成指控，會使對方產生防衛心理，反而達不到溝通的目的。譬如妳可以說：「我很希望你摸我的大腿內側」，或是「我想，如果你的手往下一點會更舒服」。

2.千萬不要比較。

不要拿他和另一個男人做比較，例如「你怎麼比我前男友快呢？」，那麼後果將不堪設想。如果連在床上也要被拿來比較那他當然會生氣，或即使勉強壓制住怒氣，下意識也會有「要比前人強」的壓力，這麼一來絕對無法享受做愛的樂趣。

3.明確提出妳要什麼。

明確地說出妳想要他怎麼做，例如：雖然有部分女性可經由陰道的刺激達到高潮，但大多數人卻更容易透過刺激陰蒂來獲得滿足。所以，對這些人而言，她們的伴侶可以持續多久就不是令她們滿意與否的主要因素了。

知道妳所要的，並勇敢地說出來，這才是滿足自己並取悅對方最好的方法。譬如：「我現在覺得好興奮，我想要和你做愛，但你必須先愛撫一下我這個地方」，或是「我需要多一點前戲才能有足夠的潤滑液」。

4.引導伴侶漸入佳境。

每個女性對愛撫的反應程度不一，但一般而言，在性慾未

被挑起時多半不喜歡男人去碰他們的陰部，她們喜歡很多的、整體性的刺激，如：全身愛撫、親吻，甚至加上一點音樂和柔情蜜語，就能讓她們進入渾然忘我的境界。因此，隨著情緒起伏、呼吸急促，愛撫也應變得深重些才夠刺激，也才能反映出妳當時的心境。至於何時該由輕轉重，要由妳適當地引導他。

5.將妳的喜好告訴他。

女性對於做愛時衝擊力大小的喜好，常隨著年齡或體內荷爾蒙的變化而有不同。所以，也許妳今天喜歡密集式地重擊，但明天還來這一套妳會叫他「輕點兒好嗎？」因此，與其躺在床上懊惱他「今天為什麼這麼做」，不如明白地告訴他「現在」怎麼做最好。

6.經常嘗試新技巧。

具備年輕的心、隨時準備接受新事物，不斷嘗試新姿勢、新技巧，將能使性生活更多采多姿，永遠值得期待。

以上提供一些克服性無味和性停滯並促進彼此達到性愉悅的方法，希望對伴侶有所助益。「熟能生巧」這句話一樣可應用在做愛這件事情上，只要在排除生理因素所引起的性功能障礙之後用心思、勤練習，一定可以在另一半達到快樂的同時自己也得到滿足。

國家圖書館出版品預行編目資料

問世間性為何物：性諮商大師的性學小語 / 林蕙瑛著. --初版.--
新北市：金魚文化出版：金塊文化事業有限公司發行, 2021.12
面；　公分. -- (生活經典系列 ; 3)
ISBN 978-986-06332-2-1(平裝)
1.性教育 2.兩性關係 3.諮商
544.72　　110018666

生活經典系列03

問世間性為何物

性諮商大師的性學小語

作者 / 林蕙瑛
總編輯 / 余素珠
排版 / JOHN平面設計工作室

出版 / 金魚文化
發行 / 金塊文化事業有限公司
地址 / 新北市新莊區立信三街35巷2號12樓
電話 / 02-22768940　傳真 / 02-22763425
E-mail / nuggetsculture@yahoo.com.tw

匯款銀行 / 上海商業儲蓄銀行新莊分行
匯款帳號 / 25102000028053
戶名 / 金塊文化事業有限公司

總經銷 / 旭昇圖書有限公司
地址 / 新北市中和區中山路二段352號2樓
電話 / 02-22451480
印刷 / 大亞彩色印刷
初版一刷 / 2021年12月
定價 / 新台幣320元 / 港幣107元